Guía Visual de Introducción a la Informática. Edición 2006

Silvia García Olaya

GUIAS VISUALES

RESPONSABLE EDITORIAL:
Victor Manuel Ruiz Calderón
Susana Krahe Pérez-Rubín

ILUSTRACIÓN DE CUBIERTA:
Blanca López-Solórzano

Edición española:
© EDICIONES ANAYA MULTIMEDIA (Grupo Anaya, S.A.), 2006
    Juan Ignacio Luca de Tena, 15. 28027 Madrid
    Depósito legal: M.41.455-2005
    ISBN: 84-415-1941-2
    Printed in Spain
    Imprime: Peñalara, S.A.

Capítulo 1
Conceptos básicos
y hardware

Hardware y software

Si tiene este libro en sus manos es probable que se haya preguntado ¿para qué sirve un ordenador? y, sobre todo, ¿para qué me sirve a mí un ordenador?

Puede que haya visto alguna vez a los niños utilizarlo con tal soltura que parece lo hayan inventado ellos mismos, y seguramente es consciente de que la informática puede facilitar muchas tareas tanto en casa como en la oficina. También es probable que haya oído hablar de las maravillas que se pueden conseguir con los potentes ordenadores de un avión o de una astronave. Pero aún así es posible que siga teniendo dudas sobre qué cosas puede hacer la informática por usted concretamente.

La evolución de la informática en las últimas décadas ha conseguido que hoy en día existan ordenadores orientados a muy diversas tareas (la contabilidad de la oficina, la gestión del funcionamiento de un cajero automático, la consulta de información sobre una determinada ruta a la entrada del metro...). Es posible encontrar un ordenador en casi cualquier sitio, e incluso determinados teléfonos móviles tienen poco que envidiar a algunos de los ordenadores domésticos más sencillos. Ante tan variada oferta puede que le resulte complicado tomar una decisión sobre cuál puede ser el ordenador adecuado para usted.

En este libro trataremos de orientarle respecto a esa decisión ayudándole a conocer mejor todos los aspectos relacionados con la informática y los ordenadores. Pero si ya tiene ordenador y lo que necesita es adaptarlo a sus necesidades y aprender a utilizarlo, en este libro encontrará las claves para iniciarse en el manejo de los equipos y programas más utilizados actualmente.

Pero, antes de todo, un consejo: relájese, utilizar un ordenador es mucho más sencillo de lo que parece.

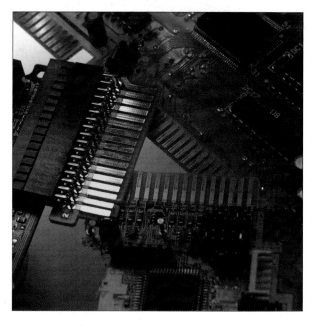

Para empezar, hay dos conceptos cuyo significado es fundamental entender: "hardware" y "software". Esencialmente, el hardware lo forman los aparatos físicos (que se pueden tocar), es decir, el ordenador y sus componentes. Es decir, los dispositivos electrónicos y electromecánicos, circuitos, cables, tarjetas, armarios o cajas, periféricos de todo tipo y otros elementos físicos.

Pero para que éstos funcionen, necesitan instrucciones, órdenes que les expliquen lo que deben hacer. Los programas de software son intermediarios entre nosotros y el hardware. Primero nosotros queremos hacer algo, se lo comunicamos al programa y éste envía la orden al ordenador (al hardware) para que la ejecute.

Por tanto, el software es la parte lógica del ordenador, algo intangible y que no se puede tocar. No debe confundirse un programa de software con el CD-ROM, DVD u otro soporte en el cual puede haber sido almacenado, soporte que sí es un objeto físico utilizado para guardar el programa para, por ejemplo, poder instalarlo varias veces o en varios ordenadores.

Existe un software específico para todo lo que queramos hacer: escribir, retocar fotografías, calcular los gastos de la casa, etc. Más adelante veremos cuáles son los programas más utilizados, entre otros, en Ofimática, Diseño Gráfico y Multimedia. También forman parte del software los sistemas operativos (Windows, Linux, Mac OS), que serán los intermediarios entre el software y el hardware.

Tipos de ordenadores

Anteriormente señalamos que existen ordenadores diferentes para tareas diferentes pero también podemos diferenciarlos según su tamaño (sobremesa, portátil, PDA...) y el fabricante de su microprocesador (IBM, Intel, AMD y Apple son los más famosos). También existen los llamados "clónicos", ordenadores a medida montados utilizando componentes de diferentes fabricantes. Por otro lado, las super-computadoras lideran los avances tecnológicos y científicos pues proporcionan capacidades computacionales muy superiores a las disponibles en la mayoría de los ordenadores de nuestros hogares y oficinas.

Supercomputadoras

Gracias al uso de este tipo de superordenadores los investigadores de entidades gubernamentales, educativas, sanitarias, etc. pueden realizar pruebas que a la vista de cualquiera de nosotros resultarían formar parte de una película de ciencia ficción.

Como muestra de esto, recientemente astrofísicos del Reino Unido, Alemania, Canadá y Estados Unidos realizaron la recreación de gran parte del Universo en un superordenador dotado de 25 millones de megabytes de memoria (casi 50.000 veces más memoria que un ordenador doméstico), a pesar de lo cual dicho equipo tardó un mes en configurar la gigantesca simulación.

PC, Personal Computer

Los PC (*Personal Computer*, Ordenador Personal) son el tipo de ordenador más conocido y ampliamente utilizado hoy día. El PC deriva del IBM PC. Los IBM PC y compatibles basados en microprocesadores Intel han convertido la informática en algo habitual para la mayoría de la gente.

Debido al éxito del IBM PC, el término genérico PC se convirtió en algo común para todos los microordenadores (o miniordenadores) compatibles con la especificación IBM. Para entender mejor esto vamos a repasar brevemente la historia y evolución de los primeros microordenadores.

 Se suele considerar que el primer ordenador personal fue el Altair 8800 (1974) de la empresa MITS, abriendo lo que se llamó la "cuarta generación" de ordenadores, montados utilizando el microprocesador Intel 4004. Sin embargo, según el profesor Rafael Barzanallana de la Universidad de Murcia, la microinformática, contrariamente a lo que se cree, no comenzó en EE.UU., pues en el año 1973 se creó en España el Kentelek 8, a cargo de la empresa Distesa; el diseñador fue Manuel Puigbó Rocafort.

El Altair 8800 se vendía a 397 dólares, lo que contribuyó a su popularización. No obstante, requería elevados conocimientos de programación, por lo cual su manejo era muy complicado. Dos jóvenes, Bill Gates y Paul Allen, ofrecieron al dueño de MITS un software en BASIC (lenguaje de programación mucho más sencillo) que podía funcionar en el Altair. El software fue un éxito y, posteriormente Allen y Gates crearon Microsoft.

Paralelamente, Steven Wozniak y Steve Jobs, inspirados también por el Altair 8800 construyen en 1976 el Apple I. En 1977, con el lanzamiento del Apple II, el primer computador con gráficos a color y carcasa de plástico, la compañía Apple Computer empezó a imponerse en el mercado.

El PC original fue un intento de IBM para entrar en el mercado de los ordenadores domésticos, entonces dominado por el Apple II. Anteriormente, las computadoras IBM estaban montadas utilizando una arquitectura cerrada (formada exclusivamente por componentes de la misma marca, todos de IBM). Pero la compañía decidió reunir un equipo de desarrolladores con el objetivo de crear un microordenador basado en una arquitectura abier-

ta y expandible mediante ranuras denominadas *slots*, para que otros fabricantes pudieran producir y vender máquinas compatibles (las compatibles IBM PC).

IBM esperaba mantener su posición en el mercado por derechos de licencia de la BIOS (el sistema básico de entrada/salida, *Basic Input-Output System*, que contiene el código básico para el funcionamiento del ordenador y rutinas de control de los dispositivos; localiza y carga en memoria el sistema operativo).

Desafortunadamente para IBM, otros fabricantes se apresuraron a producir sus propias versiones de la BIOS (Compaq Computer Corporation fabricó el primer clónico compatible del IBM PC en 1984).

En 1984, Apple lanza el Macintosh, que disponía de interfaz gráfico para el usuario y un ratón, que se hizo muy popular por su facilidad de uso.

Desde entonces tanto el PC como el Mac han evolucionado en calidad, prestaciones y velocidad hasta convertirse en los equipos que cualquiera de nosotros puede encontrar sobre su escritorio.

El Macintosh

Apple Macintosh (abreviado Mac) es el nombre de una serie de ordenadores fabricados y comercializados por Apple Computer desde 1984. Apple autorizó a otras compañías, como Motorola, Umax o PowerComputing para la fabricación de clones Macintosh en los 90, aunque en la actualidad sólo Apple comercializa este tipo de ordenadores.

Los primeros Mac estaban basados en los microprocesadores de la familia 68000 de Motorola. En Marzo de 1994, Apple introdujo en la gama Macintosh los chips PowerPC del Consorcio Apple/IBM/Motorola. Desde la introducción de los Power Mac G5 en Junio de 2003, utilizan el PowerPC de IBM. Los Apple Macintosh son comercializados con el sistema operativo Mac OS, pero también es posible instalar en ellos otros sistemas, como Linux.

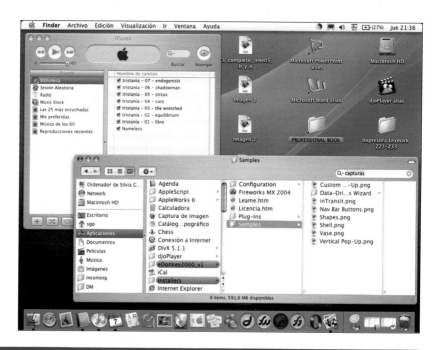

Existe una famosa polémica entorno a la consideración del sistema operativo de los primeros ordenadores de Apple como la primera interfaz gráfica de usuario (GUI, *Graphical User Interface*), es decir, el primer sistema operativo que permite al usuario interactuar con el ordenador a través de un entorno gráfico y sencillo de usar, sin necesidad de escribir líneas y más líneas de código. Esa polémica fue originada por el lanzamiento, casi simultáneamente, del primer Mac OS y la primera versión de Windows.

 De todos modos, es ampliamente conocido que tanto Jobs como Gates crearon parte de sus sistemas operativos tras conocer en el Xerox PARC de Palo Alto un enorme e invendible ordenador que sin embargo utilizaba una GUI denominada "Alto".

Después de todo lo expuesto, es posible que se pregunte por qué actualmente casi todos nosotros utilizamos PC y no Mac. Pues bien, digamos que la enorme influencia de IBM en el mercado ha tenido mucho que ver en ello, pero sobre todo, el imparable ascenso de Microsoft ha convertido en realidad el objetivo de Gates de que en cada hogar haya un PC con Windows.

© Copyright Apple Computer.

Mientras el PC se popularizó, el Mac se convirtió, en cierto modo, en un exclusivo y sofisticado objeto de deseo. Apple ha fabricado durante décadas equipos de gran calidad y potentes prestaciones, que han acabado imponiéndose como imprescindibles en determinados sectores, tales como la Industria Gráfica (imprentas, editoriales, estudios de diseño gráfico...), la Industria Musical y la edición profesional de Vídeo de alta calidad. Actualmente, Apple sigue comercializando este tipo de equipos de gama alta, pero también ha tenido cierto éxito en el mercado de consumo con equipos más económicos pero de atractiva y cuidada estética externa, como el iMac o el iBook.

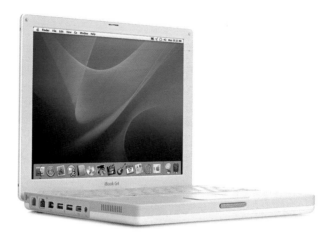

© Copyright Apple Computer.

Esta nueva tendencia marcada por ordenadores de diseño fresco e innovador, que actualmente es imitada por muchas marcas en sus equipos dirigidos al usuario doméstico, comenzó con el primer iMac en enero de 1999. Las principales novedades fueron la integración de la CPU y el monitor, la ausencia de disquetera y la posibilidad de utilizar puertos Firewire, además de poder elegir entre 5 llamativos colores para el propio ordenador: arándano, fresa, lima, mandarina y uva.

© Copyright Apple Computer.

 El IEEE 1394 o FireWire es un estándar multiplataforma para entrada/salida de datos en serie a gran velocidad. Suele utilizarse para la interconexión de dispositivos digitales como cámaras digitales y videocámaras a ordenadores.

Durante años el iMac ha evolucionado en diseño, potencia y prestaciones de tal forma que el iMac G5, a la venta desde el verano de 2004, supone una auténtica maravilla de la miniaturización dado que todo el ordenador, incluyendo la placa base para el G5, la unidad óptica de carga por ranura, disco duro, altavoces y fuente de alimentación, se oculta dentro de un monitor plano de 17 pulgadas.

© Copyright 2005 Apple Computer.

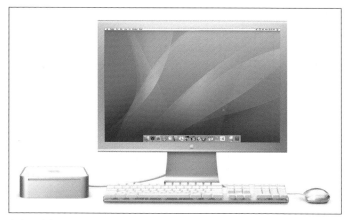

© Copyright 2005 Apple Computer.

Otros Mac de diseño espectacular son el compacto Cube (un cubo de 20 cm. de lado) y el nuevo Mac mini (hasta 1,4 Ghz en sólo 16,5 x 16,5 x 5,1 cm.), que además de por su tamaño llama poderosamente la atención con una fantástica pantalla plana panorámica.

CPU o procesador

La CPU (*Central Process Unit* o Unidad Central de Procesamiento) es la parte más importante de nuestro ordenador. Es, asemejándolo con partes de nuestro cuerpo, el cerebro en el que se procesan todas las órdenes que enviamos y también sus respuestas. De la capacidad de la CPU depende que la computadora sea mejor o peor.

El procesador lo controla prácticamente todo. Los demás componentes, RAM, unidades de disco, monitor,... existen solamente para tender un puente entre el usuario y el procesador. Toman los datos del usuario y se los entregan al procesador para que éste los gestione, después, muestran los resultados. De la velocidad y prestaciones del procesador dependerá el comportamiento general del sistema. La velocidad del procesador se mide en megahercios (MHz) o, los más potentes, en gigaherzios (1 GHz es igual a 1024 MHz). Año tras año aumenta la velocidad del procesador que puede llegar a alcanzar un ordenador. Actualmente, los mejores PC tienen procesadores entre 3 y 4 GHz aproximadamente.

También se le denomina microprocesador, por su pequeño tamaño, aunque está compuesto por millones y millones de diminutos chips que pueden ejecutar y procesar cientos de miles de órdenes en pequeñas fracciones de segundo.

Actualmente la CPU no es el único procesador de la mayoría de los ordenadores. Las tarjetas aceleradoras de vídeo o las tarjetas de sonido poseen procesadores o, mejor dicho, coprocesadores, que alivian a la CPU de parte de su carga.

Placa base

La placa base es el lugar donde están insertados el procesador y la memoria. Además, contiene unas ranuras denominadas *slots* en las que se pueden insertar tarjetas de ampliación. La placa base es muy importante porque canaliza toda la energía del ordenador, es decir, todos los cables y demás conexiones como los del disco duro o el lector de CD, se conectan a la placa. En ella están impresos los circuitos electrónicos, que son los caminos por los que se comunican los componentes que están conectados a la placa. Además, contiene los reguladores de voltaje, que reducen la señal de 5V de la fuente de alimentación al voltaje necesario para el procesador (que suele ser de 3.3V), el cableado y un ventilador para evitar el sobrecalentamiento.

También tiene un chip, el CMOS, que contiene la configuración de la BIOS y el reloj, que siempre permanece gracias a una pila de larga duración.

Es un componente muy significativo, si la placa base funciona bien, se asegura un correcto funcionamiento del ordenador.

Bus de datos

La rapidez por la que circulan los datos por el ordenador es básica para un buen funcionamiento general. Millones de bits de información pasan constantemente como un relámpago entre los componentes de nuestra computadora, incluso cuando parece que no están haciendo nada. Este denso tráfico es manejado por los controladores de entrada/salida, que trabajan con el procesador para asegurarse de que todo este intercambio de datos no provoca un atasco de circulación, o peor aún, un accidente. El Bus establece el sistema de autopistas de estos datos. Transporta los datos entre el procesador y otros componentes. Pero el Bus no es un componente que se distinga físicamente. Es un complejo conglomerado de circuitos eléctricos llamados pistas, que están impresas en la parte superior e inferior de la placa base.

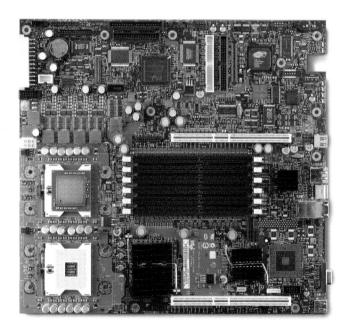

El Bus también incluye microchips y ranuras de expansión (bus de expansión), en las que se conectan otras placas de circuito impreso, como por ejemplo tarjetas de vídeo o de sonido. Ésta es una de las características más importantes de los ordenadores actuales, ya que nos permiten cambiar viejas tarjetas por otras nuevas o instalar componentes que no venían con la configuración original del ordenador. La velocidad del Bus se mide en la cantidad de bits que puede transmitir a la vez, por ejemplo, 32 bits.

Dentro del Bus, el Bus local es el que se encarga de comunicar directamente con el procesador (local en el sentido de cercano). Actualmente el tipo de Bus local que más se utiliza es el Bus local de PCI, creado por Intel.

Memoria

La memoria es el espacio físico del ordenador donde se almacenan los datos para ser procesados. Existen varios tipos de memoria:

- **Memoria física:** El disco duro almacena los archivos y programas. Mantiene la información incluso si apagamos el ordenador, y tiene una gran capacidad de almacenamiento.
- **Memoria RAM:** Usada para almacenar información de manera temporal mientras el ordenador está siendo utilizado. Esto se hace porque este tipo de memoria es rápida, y es útil para acceder a datos sin tener que leerlos de un soporte de almacenamiento más lento, como un disco duro. La información se pierde cuando se apaga el ordenador.
- **Memoria caché:** La encontramos en los microprocesadores, discos duros u otros aparatos y es una pequeña cantidad de memoria de muy alta velocidad dedicada a que partes importantes del ordenador puedan trabajar a la máxima velocidad.

 Nota Cuando se habla de ampliar la memoria de un ordenador, o se dice que uno determinado tiene una memoria de, por ejemplo, 512 megabytes estamos hablando de la RAM.

La Memoria de Acceso Aleatorio (RAM) es algo así como un libro en blanco donde se escriben y se borran los datos cada vez que el ordenador realiza cualquier acción. Los datos contenidos en los documentos, gráficos, bases de datos o cualquier tipo de archivo deben almacenarse también en la RAM, aunque sólo sea momentáneamente, antes de ser manipulados en el procesador.

En los últimos años se ha producido una gran reducción del coste de las memorias RAM, permitiendo que los ordenadores ejecuten aplicaciones mucho más potentes y sofisticadas. Además, han aparecido nuevos dispositivos de memoria portátil muy económicos y de gran utilidad, las memorias USB. También se suelen denominar como *USB Pen Drive* o *USB Flash Memory*.

BIOS

La BIOS (Sistema Básico de Entrada/Salida) es una memoria que está siempre permanente en el ordenador, gracias a una pila de larga duración. En la BIOS están los datos más básicos de nuestra computadora, algo así como su cartilla de nacimiento, y se sitúa en la placa base. Estos datos son la fecha y hora, el número de discos duros, el disco de arranque (podemos iniciar el ordenador con un disquete si tenemos problemas) o el tipo de procesador.

Estos datos se pueden variar, dentro de unos parámetros. Por ejemplo, si instalamos un segundo disco duro, debemos decírselo a la BIOS para que lo reconozca. En los ordenadores compatibles PC, podemos acceder a la BIOS justo cuando se inicia el ordenador, pulsando la tecla **Supr**, aunque debemos consultar antes el manual para asegurarnos.

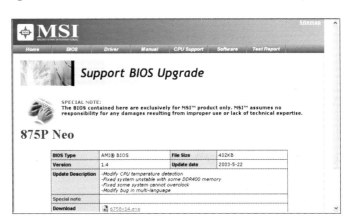

Tarjeta gráfica

La tarjeta gráfica o de vídeo es el dispositivo que comunica el procesador con el monitor. El procesador envía datos que se van a visualizar y que deben ser traducidos por la tarjeta gráfica para que luego los podamos ver sin problemas en la pantalla que estamos utilizando.

Aparte de la calidad, el que una tarjeta gráfica sea mejor o peor es proporcional a la velocidad con la que procesa esos datos, y que podemos percibir directamente en el monitor del ordenador.

Las actuales tarjetas gráficas se han convertido en aceleradoras, ya que disponen de su propio procesador y memoria para manipular las imágenes y almacenar representaciones gráficas.

Capturadoras de vídeo y TV

© Copyright Diamond Multimedia.

Tanto si se trata de una tarjeta interna, como de un dispositivo externo conectado al puerto USB, no se conforme con sintonizar la televisión o escuchar la radio (FM), disponiendo además de mando a distancia. Hasta las sintonizadoras más económicas ofrecen la posibilidad de grabar las retransmisiones en formato de archivo digital (MPEG o AVI para vídeo y MP3 para audio) e incluyen conectores para permitir la captura de fuentes de vídeo externas (cámara, DVD, VHS).

La mayoría de las capturadoras externas llevan incorporado su propio sistema de almacenamiento, permitiendo el *Time Shifting*, es decir, grabar vídeo disponiendo de ventajas adicionales tales como pausar la retransmisión de un determinado programa mientras el dispositivo sigue grabándolo, de tal forma que podamos continuar viendo el programa cuando deseemos sin por ello perdernos ni un sólo minuto del mismo. También es posible empezar a ver desde el principio un programa previamente almacenado a pesar de que aún no haya acabado de ser grabado, o programar la función de grabación para que empiece a una hora determinada.

Nota

Algunas capturadoras internas también proporcionan *Time Shifting* utilizando como sistema de almacenamiento el propio disco duro del ordenador.

Tarjeta de sonido

Las tarjetas de sonido tienen conexiones para el micrófono, los auriculares, salida para altavoces y una clavija de entrada para digitalizar cualquier señal externa de sonido. Gracias al auge de los productos multimedia se ha avanzado tanto en la tecnología de audio que podemos escuchar en nuestro ordenador música, voz o sonidos reales de cualquier efecto. Este despegue del audio digital ha contribuido al desarrollo de un chip llamado "Procesador de señal digital" (DSP) que libera a la CPU del cálculo de la mayor parte de las tareas procesadoras que incluyen sonido.

© Copyright Creative Technology Ltd.

Las conexiones

Todos los ordenadores disponen de varias conexiones para poder conectar los periféricos. Cuando se diseña la "caja" del ordenador se piensa también en las conexiones imprescindibles: conectaremos un ratón, un teclado y una impresora como mínimo; pero además deberíamos tener espacio para acoplar otros periféricos, teniendo en cuenta que cada uno de estos dispositivos utiliza un tipo de conexión diferente, aunque se está tendiendo a unificar.

Existen conexiones antiguas, como el puerto serie y el puerto paralelo y cada vez se utilizan menos, pero aún podemos encontrarlas en algunos ordenadores. Los clásicos clientes del puerto serie han sido el ratón y el módem, aunque ahora se están sustituyendo por el puerto PS/2 o el USB. El puerto paralelo ha sido casi siempre el puerto de la impresora.

La conexión USB (*Universal Serial Bus*) es la más actual y mediante su utilización se tiende a estandarizar. Los periféricos que tienen la conexión USB son muy fáciles de instalar ya que son automáticamente reconocidos por el ordenador. Esto es gracias a la tecnología *Plug and Play* (enchufa y funciona) que evita tener que reiniciar el ordenador para completar la instalación, como ocurre con otras conexiones.

Otra interesante característica es que posibilita conectar gran cantidad de dispositivos siguiendo una estructura de árbol y utilizando *hubs* (concentradores con varias conexiones USB). Las principales novedades de los últimos años han sido la mejora del USB con la versión 2.0 (más rápida) y la implementación del *Wireless USB*, su versión inalámbrica (muy reciente y aún poco utilizada).

© Copyright Prolog Communications.

© Copyright FireWire Depot.

Otro tipo de conexión muy rápida y potente es FireWire, que fue inventado por Apple a mediados de los 90, para luego convertirse en el estándar IEEE 1394, que también sirve para PC. Gracias a permitir una velocidad de transmisión de datos de hasta 800 Mbps (Megabytes por segundo), este tipo de conexión ha revolucionado el mundo del audio y vídeo digital hasta tal punto que Apple recibió por su invención el premio *2001 Primetime Emmy Engineering Award* dado el impacto de FireWire en la industria televisiva.

Módems y tarjetas de red

Una tarjeta de red es un componente necesario si desea conectar varios ordenadores entre sí para, por ejemplo, compartir una impresora o una conexión de banda ancha, pero también es necesario para conectar un ordenador a Internet a través de un cablemódem o un módem ADSL (aunque algunos de estos dispositivos ya disponen de puertos USB). Todo esto es posible gracias a que la tarjeta de red habilita uno o varios puertos Ethernet, un tipo especial de puerto para comunicaciones.

Por otro lado, los módem (bien como tarjeta PCI o como dispositivo externo) permiten realizar conexiones a Internet mediante la línea de teléfono. Los módem internos normalmente se corresponden con modelos que alcanzan como máximo una velocidad de 56 kbps y aún podemos encontrarlos en ordenadores relativamente nuevos, ya que los que permiten conexiones más rápidas suelen ser externos y requieren de conexión Ethernet. En cambio, mediante módems ADSL un usuario doméstico se puede conectar actualmente a velocidades de entre 256 kbps y 4 Mbps.

Unidades de almacenamiento de datos

Disco duro

En la actualidad, el disco duro es la principal forma de almacenamiento permanente de datos. El nombre viene del inglés *Hard Disc* y a menudo se abrevia como HD. En el disco duro residen los datos que el ordenador necesita con más asiduidad como, por ejemplo, los programas instalados y el sistema operativo. Los discos duros permiten un acceso mucho más rápido a los datos que se encuentran grabados dentro. Los programas y los archivos son cada vez de mayor tamaño y por eso los discos duros deben tener, cada vez más, una gran capacidad para guardar datos.

> El tamaño de los discos duros se mide en una unidad conocida como "giga" o Gigabyte (Gb). En informática, debido a que utiliza un sistema de tipo binario, un Gigabyte es equivalente a 1.024 Megabytes, es decir, 1.073.741.824 bytes.

Dentro de un disco duro podemos tener varias particiones lógicas que distribuyen su contenido. Es decir, tenemos un solo disco duro físico pero el ordenador reconoce dos o más discos duros. Esto nos puede servir para instalar distintos sistemas operativos en cada partición, o para tener almacenados archivos y programas de una forma mucho más organizada.

Actualmente, además de discos duros rápidos en acceder a las decenas de gigas de datos que contienen, podemos disfrutar a precios asequibles de las prestaciones de discos duros externos pequeños en tamaño pero grandes en capacidad de almacenamiento. Normalmente se conectan al ordenador mediante puertos USB o FireWire, aprovechando así las óptimas velocidades de transmisión de estos dos tipos de puerto. Además, para instalar este

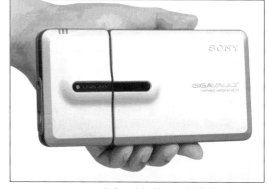

© Copyright Thomas Publishing Company.

tipo de discos no se requieren los conocimientos técnicos necesarios para instalar un disco duro interno, lo cual es una ventaja a tener en cuenta sobre todo si se necesita almacenar y compartir una gran cantidad de datos entre varios equipos.

Disquetera

Los discos magnéticos, al igual que los discos duros, tienen los datos dispuestos en círculos concéntricos denominados pistas, que se dividen radialmente en sectores. El disco magnético gira a una velocidad constante y los datos se leen o se graban mediante cabezas lectoras/ grabadoras. Este sistema permite una rápida recuperación de los datos. Las disqueteras contienen unos cabezales que permiten leer y grabar en las superficies magnéticas de estos discos.

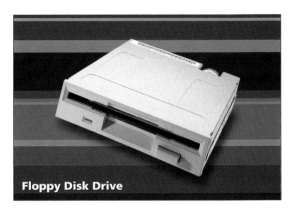

Floppy Disk Drive

A pesar de las nuevas formas de almacenamiento como los CD-ROM o los DVD-ROM, de mayor capacidad y cada vez más baratos, el disquete sigue siendo una forma útil de almacenar pequeñas cantidades de datos. Las unidades de disco actuales son de 3,5" y sus capacidades oscilan entre 720 kilobytes y 2,88 Mb.

Unidad Zip

Los discos Zip (comercializados por la marca Iomega) son un tipo de disco magnético similar al disquete, pero de mayor tamaño y capacidad. También tienen una durabilidad mucho mayor que la del disquete; su dura cubierta de plástico los protege del deterioro por golpes, lo cual hace del Zip un soporte ideal para transportar con seguridad cantidades de datos de entre 100 y 750 Mb.

La Unidad Zip es el dispositivo necesario para grabar y leer datos en un disco Zip, y podemos encontrar tanto modelos internos como externos. Los modelos internos suelen ser exclusivos para PC o para Mac, con lo cual deberá elegir el tipo de unidad según su ordenador sea uno u otro. Los modelos externos utilizan puertos USB, con lo cual pueden utilizarse indiferentemente en un PC o en un Mac.

A la hora de adquirir los discos también hay que tener en cuenta si están preformateados sólo para PC o sólo para Mac, o bien si son compatibles y por tanto podemos utilizarlos en ambos.

CD-ROM

El CD-ROM, al igual que en otros muchos campos, ha revolucionado el campo de la informática, ya que multiplicó la capacidad de los soportes de almacenamiento. Si una unidad de disquete puede contener 1.44 Mb, un CD-ROM puede almacenar 650 Mb como mínimo.

El nombre viene del inglés *Compact Disc-Read-Only Memory*, es decir, es un disco compacto con memoria de sólo-lectura, con lo cual los datos contenidos en él no pueden modificarse ni borrarse. Más adelante veremos otras variantes del disco compacto que sí pueden ser borrados y nuevamente grabados (una o varias veces, según el tipo).

Los datos se recuperan con la unidad de CD-ROM, mediante un rayo láser, por un sistema muy parecido al de los discos compactos de música. Al contrario que los discos magnéticos que hemos visto antes, en los discos CD-ROM los datos están contenidos en una sola pista que se desarrolla en espiral, partiendo desde el centro hacia afuera. Esta disposición permite que los discos compactos puedan contener más datos.

Nota

Un CD de audio se reproduce a una velocidad de 150 KB por segundo. Esta velocidad se usa como referencia para identificar las unidades lectoras de los ordenadores, de modo que si un lector viene indicado como 24x, significa que lee 24 x 150 = 3600 KB por segundo.

DVD-ROM

El DVD (*Digital Versatile Disc*, Disco Versátil Digital) es el estándar para los próximos años, tanto en vídeo digital (comercialización de películas) como en datos (comercialización de software). El formato DVD tiende a sustituir al CD, ya que la capacidad de sus discos puede llegar a 17 Gb. Además, los reproductores DVD-ROM pueden leer también los tradicionales discos compactos sin problemas.

© Copyright Toshiba Corporation.

Aunque los discos DVD parecen idénticos a los CD-ROM, por dentro están estructurados de forma diferente y por eso tienen más capacidad; aparte pueden ser escritos y leídos por las dos caras y por un máximo de dos capas de datos en cada cara. Además, las unidades lectoras DVD-ROM son más rápidas que las de CD, por lo que accedemos antes a los datos.

 La velocidad de transferencia de datos de un disco DVD está dada en múltiplos de 1350 KB/s, lo que significa que un disco 16X permite una transferencia de datos de 16 x 1350 = 21600 kB/s (21.09 MB/s).

Existen varios tipos de discos y unidades DVD cada uno con una capacidad distinta:

- **DVD Video:** Se utiliza para distribución comercial de películas, normalmente en formato MPEG-2. Si se ocupan las dos capas de las dos caras puede alcanzarse un total de 17 Gb.

- **DVD-ROM:** Muy similar al anterior, pero además puede incluir cualquier tipo de formato de archivo. Se utilizan para almacenamiento de datos y distribución de software.

- **DVD-R y DVD+R:** Tienen una capacidad de 4,7 Gb (8,5 Gb si son de doble cara o *Double Layer*) y, utilizando el dispositivo correspondiente, puede grabarse, aunque una sola vez por cada disco utilizado.

- **DVD-RW y DVD+RW:** Tienen una capacidad de 4,7 Gb por cara y puede ser regrabado unas 1.000 veces aproximadamente.

© Copyright Imation Corp.

Periféricos imprescindibles

Un periférico es un elemento accesorio al ordenador, un componente que no es indispensable pero sí que puede ser muy importante, no en su funcionamiento, sino en su manejo, o también puede proporcionar al equipo una nueva funcionalidad.

Normalmente los periféricos se suelen dividir en periféricos de entrada (por ejemplo, el teclado) y periféricos de salida (por ejemplo, la impresora). Los primeros nos sirven para enviar datos u órdenes al ordenador o cualquier otro tipo de información que queramos que sea almacenada o procesada.

Utilizando los distintos tipos de puertos y conexiones del ordenador podemos conectar unos periféricos u otros, dependiendo de su clavija de entrada. A través de estas conexiones, el ordenador recibe los datos que envía cualquier periférico como un ratón o el teclado, o al revés, si es periférico de salida será el ordenador el que transmita los datos al periférico de que se trate (por ejemplo, un texto transmitido a la impresora).

A pesar de la definición de periférico como elemento del cual se puede prescindir, actualmente resulta muy difícil hacerse a la idea de ver un ordenador sin determinados periféricos: el ratón, el teclado, el monitor y la impresora. Y a estos periféricos "imprescindibles" vamos a dedicar este apartado. Está claro que realmente no son imprescindibles, pero esto es así porque la evolución tecnológica ha dado lugar a algunas interesantes soluciones que nos permiten prescindir de ellos.

Así, por ejemplo, es fácil encontrar ordenadores sin teclado ni ratón, pero eso es gracias a la existencia de pantallas táctiles, en las cuales el ratón es nuestro dedo (u otro dispositivo apuntador, como un puntero de plástico) y el teclado bien puede ser virtual (aparece simulado en la parte inferior de la propia pantalla para que podamos escribir pulsando con los dedos sobre la misma) o bien la entrada de datos alfanuméricos se ha solucionado de otra forma (por ejemplo, introduciendo los datos mediante la voz utilizando un micrófono).

Igualmente, se puede prescindir de una impresora si no se necesita a menudo tener una copia en papel de nuestros trabajos. Pero si hay que llamar imprescindible a un periférico pensaremos, sin ninguna duda, en el monitor pues es inimaginable, al menos en el ámbito del usuario normal, un ordenador que no lo tenga.

El ratón

Desde que las aplicaciones informáticas son más visuales (utilizan entornos más gráficos) y necesitan que se introduzca menos texto, el ratón se ha convertido en un elemento imprescindible.

© Copyright Razer™

Se trata de un dispositivo utilizado para señalar y lo controlamos con nuestra mano; tiene su reflejo directamente en la pantalla, a través de un cursor. Debido a su tamaño y a su cable similar a una cola, el dispositivo lleva el nombre de ratón (*mouse*), aunque con la proliferación de ratones inalámbricos este nombre es cada vez menos adecuado.

Normalmente, los ratones disponen de una bola en la parte inferior, que al rodar por una superficie plana, hace contacto con unos rodillos que son los que envían la señal a través del cable. Pero también hay ratones ópticos que no tienen bola pues utilizan un haz de luz para determinar los movimientos del cursor, lo cual les hace ser muy precisos.

© Copyright Active Network, Inc.

© Copyright ASUSTeK Computer Inc.

Existen otros tipos de ratones, como el *Trackball*, en el que es el usuario el que mueve la bola, y otros nuevos modelos, que funcionan de las formas más diversas. Por ejemplo, el ratón puede ser un pequeño botón con sensibilidad en todos sus lados o el *TouchPad*, en el que una pequeña pantalla o área sensible en forma rectangular es la superficie por la que moveremos el dedo y que es equivalente a moverla por la pantalla.

Teclado

El teclado es el periférico de entrada con el que más contacto vamos a tener. Un teclado con un diseño deficiente puede ser muy molesto para trabajar, e incluso puede provocarnos problemas de salud, de ahí la importancia de tener en cuenta la ergonomía de este periférico, algo que cada vez más fabricantes están investigando.

Debajo de cada tecla, hay un circuito asociado por el que fluye corriente. Cada vez que pulsamos una tecla, esa pulsación provoca un cambio de corriente que, dependiendo de un código que tiene cada circuito de tecla, llevará una señal determinada al procesador (existen dos códigos, uno para cuando se pulsa la tecla y otro para cuando se suelta).

 Al igual que tantos otros periféricos, cada vez son más habituales, y más baratos, los teclados sin cable, que transmiten los datos a través de infrarrojos u otro sistema.

Además del popular teclado fabricado en plástico existen otros de diversos materiales, algunos pensados para situaciones adversas en cuanto a agua, polvo y altas temperaturas (teclados de goma), o incluso en cuanto a posibles golpes y trato descuidado (teclados de membrana o de acero inoxidable, como los de los cajeros automáticos). También existen materiales con los que se fabrican teclados resistentes a la acción de productos químicos, como los teclados de Polyester. Algunos de estos teclados especiales son muy utilizados en ordenadores dedicados a labores industriales.

El teclado es uno de los periféricos más susceptibles a la imaginación creativa de los diseñadores: pueden ser grandes, con muchas teclas que añaden funciones multimedia, de formas redondeadas, luminosos, translúcidos o de diferentes colores; o también pequeños y ultrafinos (similares a los de un portátil y muy útiles para ordenadores utilizados en tiendas y otros terminales de punto de venta).

Además, el tamaño, agrupación y disposición de las teclas puede ser distinta según el uso para el cual estén pensados. Por ejemplo, existen teclados especialmente diseñados para los usuarios de juegos, que llevan una especial señalización de las teclas más utilizadas para movimiento y acciones de los propios personajes u objetos del propio juego. Algunos incluso se pueden programar para que determinadas teclas cumplan una determinada función.

© Copyright ruwido austria GmbH.

Monitor

Una de las características más importantes del monitor es el tamaño de su pantalla, que al igual que los televisores domésticos, se mide en pulgadas. A mayor número de pulgadas, mayor comodidad para trabajar. Los monitores actuales oscilan entre las 17 pulgadas y 21 pulgadas.

© Copyright SAMSUNG.

En el monitor, la luz se proyecta sobre la pantalla, posicionándose sobre cada píxel (unidad mínima de representación gráfica en una pantalla) para que éstos brillen. El sistema por el que se iluminan los píxeles es donde encontramos las diferentes clases de monitores, desde los CTR (pantalla de tubo de rayos catódicos, cuyos últimos modelos ya se comercializan con pantalla plana) hasta los nuevos monitores TFT (pantalla de cristal líquido o LCD), que además de ser de gran calidad, ocupan un mínimo espacio gracias al diseño compacto de su pantalla plana, que en algunos modelos incluso es del tipo panorámica.

© Copyright SAMSUNG.

Otras características importantes de los monitores son el denominado *pitch*, que nos da información de la definición de nuestra pantalla (a mayor definición, mayor calidad de imagen), y la resolución (el número de píxeles representados en horizontal por el número de píxeles en vertical) o el número de colores. Estos parámetros deben estar en consonancia con las características de nuestra tarjeta gráfica, que es el componente a través del cual el monitor se conecta a la CPU.

Impresora

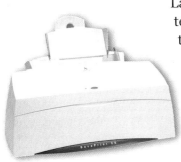

La impresora es uno de los periféricos más importantes, ya que nos permite trasladar nuestros documentos o fotografías de la pantalla al papel. La impresora forma parte del conjunto básico de la informática doméstica, ya que todavía preferimos que muchos de nuestros trabajos estén impresos mejor que en formato digital.

Las impresoras son cada vez más rápidas, hacen menos ruido y permiten imprimir en color con calidad fotográfica. Existen varios tipos de impresoras, según la tecnología que utilicen para imprimir, desde las ya obsoletas impresoras matriciales o las térmicas (transfieren tinta seca al papel por medio de calor) hasta las impresoras láser y las de inyección de tinta, las más solicitadas por su excelente relación calidad/precio. Mientras que las impresoras de inyección de tinta funcionan proyectando pequeños puntos de tinta sobre el papel, en las impresoras láser, que son las que ofrecen mayor calidad, un pequeño láser se mueve dentro de un tóner y éste marca la tinta sobre la hoja.

El aspecto más importante de una impresora es su resolución, que es la cantidad de puntos que se imprimen en un espacio determinado. La resolución se mide en puntos por pulgada (ppp). Cuanto mayor sea esta cantidad, por ejemplo 1200 x 1200 ppp, el resultado será mejor porque tendrá mayor nitidez.

También es importante el tamaño del buffer, que es una cantidad de memoria intermedia en la que se almacenan los datos que se envían desde el ordenador, antes de imprimirlos. Cuanto mayor sea el tamaño del buffer, la rapidez de la impresión (el número de copias por minuto) será mucho mayor. Por otra parte, la interfaz es el puerto que utiliza la impresora para conectarse con el ordenador. Hasta hace poco se utilizaba el puerto paralelo, aunque ahora ya está generalizado el USB como interfaz de conexión.

Debemos ser precavidos a la hora de comprar una impresora de inyección de tinta. A pesar de sus bajos precios, la compra puede no salirnos tan redonda, si tenemos en cuenta el alto precio de los cartuchos de tinta para este tipo de impresoras.

Otros periféricos

Grabadoras de CD y DVD

Las unidades grabadoras, además de leer CD, pueden grabar discos y también pueden utilizar CD regrabables en los que se puede escribir y muchas veces. Estas unidades y sus discos, se suelen denominar CD-R o DVD-R, si son grabadoras de CD-ROM o DVD-ROM, y los discos reutilizables se denominan CD-RW y DVD-RW.

© Copyright Plextor Corp.

La característica más importante de estas unidades es la velocidad, que se suele mostrar con tres cifras (x/y/z), donde "x" es la velocidad de grabación, "y" a la que se puede regrabar y "z" la de lectura.

Actualmente las unidades más interesantes en este campo son regrabadoras de DVD capaces de grabar discos de doble capa que además también regraban CD y leen tanto CD como DVD. Otro tipo de unidad fácil de encontrar en los ordenadores más nuevos es la llamada "Combo", que normalmente aúna las funciones de regrabadora de CD y lector de DVD.

© Copyright Plextor Corp.

Para ayudarnos en la grabación podemos utilizar cualquier aplicación software de las muchas actualmente disponibles para esta función, algunas de las cuales incluso son proporcionadas al comprar una grabadora. Cada programa tiene sus particularidades, pero en general existen una serie de métodos de grabación que son soportados por la mayor parte de los programas y cuyas características es importante tener en cuenta como principios básicos relacionados con la utilización de este tipo de periféricos.

- *Track-at-Once* (**Una pista cada vez, o Multisesión**): Utilizando este método podemos aprovechar el espacio sobrante en el disco añadiendo datos posteriormente. El disco queda abierto, con lo cual se pueden seguir añadiendo nuevas sesiones mientras quede espacio suficiente en el disco. Si se graba un disco utilizando este método es posible que haya que cerrar el disco para que pueda ser reproducido en cualquier tipo de lector de discos ópticos.

© Copyright LG Electronics.

- **Disc-at-Once (Un disco cada vez):** Todos los datos del disco se graban en una única sesión y el disco queda cerrado, con lo cual no se puede seguir añadiendo datos y el espacio sobrante queda inutilizado; disco compatible con todos los lectores, incluidos los equipos de música y los reproductores de DVD de línea marrón (los que se conectan al televisor). Es el método más indicado para grabar CD de audio.

- **Session-at-Once (Una sesión cada vez):** Con este método se puede grabar un CD mixto conteniendo tanto audio como datos. Todas las pistas de audio se graban en una primera sesión y el resto de los datos, a continuación.

- **On the fly (Al vuelo):** Se trata de hacer copias idénticas de dos CD utilizando una unidad para reproducir el disco original y otra para grabar el disco "virgen". Es un método muy rápido de copia pues no se utiliza el disco duro del ordenador para guardar primero los datos que van a ser grabados después, pero tiene sus riesgos y si se producen errores de lectura del disco original durante la grabación el disco en blanco puede quedar inutilizado y listo para ir a la basura. Es preferible utilizar este método sólo con discos originales en buen estado y utilizando una grabadora de buena calidad.

© Copyright Pioneer Europe.

© Copyright Pioneer Europe.

Por otro lado, como ocurre con otros tipos de periféricos, podemos encontrar grabadoras de CD y DVD tanto internas como externas, y entre éstas últimas la mayoría se conectan al ordenador por el puerto USB, aunque existen modelos que utilizan el puerto FireWire.

También existen diferencias con respecto al método de introducción o carga de los discos ópticos. Lo más usual es que al pulsar el botón **Abrir** u **Open** el dispositivo extraiga de su interior una bandeja en la cual depositamos el disco. Pero además existen unidades que tienen una pequeña ranura a través de la cual, tras introducir parte del disco, el CD o DVD es literalmente absorbido por la unidad.

© Copyright Plextor Corp.

Altavoces

Los altavoces permiten la difusión al exterior de los sonidos y la música que se producen en la tarjeta de sonido. A medida que los sonidos que puede producir nuestro ordenador son de mayor calidad, se requieren unos altavoces más potentes y de mejor calidad. Las características son las mismas que las de los altavoces HI-FI e incluso se pueden intercambiar si conocemos bien los tipos de conexiones. Cada vez utilizamos más nuestro ordenador como estación multimedia, para jugar con complejos videojuegos, ver películas DVD o escuchar música, por eso un buen sistema de altavoces es cada vez más imprescindible.

El sistema de sonido digital más utilizado actualmente en productos multimedia es el *Dolby Digital* 5.1, que además es el estándar utilizado en el DVD-Vídeo. Se trata de un sonido envolvente que intenta recrear la realidad, en la cual cada sonido llega a nuestros oídos desde lugares distintos, y nunca todo lo que oímos procede de un mismo punto, como ocurre con lo que se escucha a través de un altavoz convencional.

© Copyright Creative Labs (Irlanda) Ltd.

Los sonidos reproducidos gracias al *Dolby* se dividen en distintos canales dependiendo de su intensidad y otras características. Para ello se utilizan varios altavoces de distintos tamaños que han de colocarse de una determinada forma. Encontraremos 5 pequeños altavoces a modo de satélites en torno a otro altavoz más grande que incorpora un sistema *Subwoofer*. Por supuesto, para sacarle el adecuado rendimiento a este sistema de audio digital es muy recomendable que la tarjeta de sonido también soporte *Dolby Digital* 5.1.

Recientemente se han presentado como novedad del sector altavoces con sistema 7.1 (un *subwoofer* y 7 satélites) que son capaces de sacar el máximo rendimiento a los nuevos sistemas de audio digital utilizados en las películas, *Dolby Digital* EX y DTS-ES, pero es un sistema que aún no se ha popularizado lo suficiente como para estar al alcance del bolsillo del usuario doméstico (un conjunto de estos novedosos altavoces puede costar poco menos que un ordenador completo).

© Copyright Creative Labs (Irlanda) Ltd.

Equipos multifunción o "todo en uno"

Las impresoras multifunción son equipos, mitad impresora, mitad escáner, que cumplen además la función de fotocopiadora y la función de fax. El ahorro de espacio que suponen este tipo de periféricos es indudable, pero hay que tener en cuenta si el uso que se va a hacer de sus distintas funciones compensa el desembolso adicional que supone un equipo de este tipo, aunque esto cada vez más está dejando de ser un problema debido al progresivo ajuste de precios que están experimentando estos equipos.

© Copyright mundoAIRIS: Portátiles Center S.L.

Este tipo de dispositivos está muy indicado para pequeñas oficinas, pues son los usuarios de la pequeña y mediana empresa quienes realmente rentabilizan un multifunción, haciendo un intensivo uso de la fotocopiadora y el fax. Por este motivo, a la hora de adquirir un multifunción para uso doméstico hay que tener en cuenta que los fabricantes de este tipo de dispositivos suelen ofrecer equipos multifunción de gama alta dirigidos al sector profesional que pueden llegar a ser bastante caros, además de ofrecer características y calidades a los cuales con seguridad se les podrá dar poco uso si se trata de un usuario de tipo doméstico.

© Copyright Hewlett-Packard Development Company, L.P.

© Copyright Hewlett-Packard Development Company, L.P.

A la hora de adquirir un multifunción para casa, hay que tener en cuenta que algunos no incluyen la función de fax, con lo cual podemos ahorrar algo de dinero si pensamos que no vamos a utilizar mucho esta función y por tanto podemos prescindir de ella. También hay que tener en cuenta el tipo de calidad de impresión que necesitaremos y el tipo de impresiones que vamos a realizar más a menudo, pues los precios pueden variar bastante.

Lápiz y tableta gráfica

El lápiz óptico es un periférico de entrada poco conocido, ya que se utiliza en el mundo del diseño gráfico, aunque existen modelos básicos para cualquier aficionado. Un lápiz óptico emula el funcionamiento de un bolígrafo o una pluma, con el que escribimos en una superficie, que es la tableta gráfica. Todo lo que dibujemos con el lápiz y la tableta, lo veremos reflejado directamente en nuestro monitor, gracias a un sistema de lectura de coordenadas.

© Copyright Wacom Europe GmbH.

Las tabletas son sensibles a la presión ejercida sobre la punta del lápiz, lo cual permite regular la intensidad y otras características del trazo dándole así una apariencia muy natural y realista a nuestros trabajos.

© Copyright Wacom Europe GmbH.

El lápiz y la tableta también resultan muy útiles cuando se trabaja con monitores grandes (o incluso con 2 monitores simultáneamente), pues el desplazamiento realizado mediante el lápiz es más rápido que con el ratón. El lápiz también puede utilizarse como ratón o para firmar documentos de texto.

Por tanto, el lápiz y la tableta no sólo sirven para trabajar a "mano alzada" con dibujos, fotografías, sino que sirven como dispositivo apuntador para trabajar con cualquier aplicación y en cualquier punto de la pantalla.

Otra interesante utilidad de las tabletas gráficas es la posibilidad de calcar fácilmente cualquier tipo de original utilizando un sistema de fijación de la foto o dibujo sobre la superficie de la propia tableta de tal forma que el original queda por debajo de una hoja transparente sobre la cual podemos utilizar el lápiz siguiendo los contornos y formas para calcar el original.

Existen tabletas gráficas de distintos tamaños según las dimensiones de los trabajos que se necesite realizar, y también según el tamaño del monitor del equipo en el cual vayan a ser utilizadas. Los tamaños más utilizados son A4, A5 y A6.

© Copyright Wacom Europe GmbH.

Escáner

Un escáner sirve para transformar un documento impreso en papel (u otro soporte, como por ejemplo diapositivas o negativos fotográficos) en un archivo digital almacenado en el ordenador. Este proceso de denomina "digitalización". Podemos digitalizar cualquier tipo de documento, ya sean fotografías, páginas de revistas o periódicos, documentos de texto... Si además tenemos instalado en el ordenador un programa OCR (*Optical Character Recognition*, Reconocimiento Óptico de Caracteres), podemos convertir los caracteres alfanuméricos digitalizados en texto que podemos modificar libremente en un procesador como MS Word.

El funcionamiento de un escáner es básicamente el siguiente: un foco ilumina la imagen y ésta es dirigida, mediante un sistema de lentes, a un fotosensor o CCD, el cual convierte la imagen en una serie de señales eléctricas sensibles a la intensidad y color de la imagen. Finalmente, otro dispositivo denominado DAC (*Digital Analog Converter*, Convertidor analógico-digital) convierte las señales eléctricas en información digital inteligible por el ordenador.

A la hora de elegir un escáner debemos tener en cuenta el destino o uso que vamos a darle a los documentos o fotografías que digitalicemos para así poder elegir adecuadamente la resolución con la cual realizaremos tal operación. La resolución se mide en puntos por pulgada (ppp) y depende en gran parte de las características del CCD; por eso, al comprar un escáner hay que tener en cuenta la resolución máxima indicada en la ficha técnica del producto.

© Copyright Hewlett-Packard Development Company, L.P.

La resolución adecuada para una imagen que va a ser utilizada en una pantalla es 72 ppp, mientras que si va a ser reproducida en papel deberemos elegir una resolución de 150 ppp para calidad media y 300 ppp para calidad alta.

Además, es necesario tener en cuenta que existen distintos tipos de resolución. Aquella que indica el límite físico del fotosensor es la resolución óptica y se expresa indicando el número de ppp horizontales y el número de ppp verticales de la siguiente forma: 300 x 600 ppp (lo cual significa, teniendo en cuenta las dimensiones de la imagen en pulgadas y tomando como referencia una línea de una pulgada, el escáner es capaz de identificar 300 puntos individuales por cada línea horizontal de una pulgada y 600 puntos individuales por cada línea vertical de 1 pulgada).

Joystick y dispositivos de juegos

El joystick, o palanca de mando, funciona de forma muy parecida a un ratón, aunque este dispositivo sea bastante diferente. Este periférico emula las palancas y los botones de las antiguas y nuevas máquinas recreativas, en las que conseguimos desplazar el cursor (que en un videojuego será nuestro personaje) al mover la palanca en las diferentes coordenadas. Este tipo de dispositivo es muy útil para simuladores de vuelo, por ejemplo. Además, podemos regularlo a nuestro gusto, al menos en la mayoría de los modelos.

Los GamePad son dispositivos para juegos con un diseño diferente a los joystick, más similares a los que se utilizan en las consolas de videojuegos como PlayStation o XBox. En los GamePad, los movimientos se controlan casi siempre a través de botones como los de disparo, y habitualmente se suelen usar las dos manos para manejarlos.

Existen otros dispositivos de juegos que imitan aparatos de la vida real que a su vez se emulan en los videojuegos de más éxito. Los más conocidos son los volantes, que cada vez tienen más éxito entre los aficionados a los juegos para ordenador. También aparecen de vez en cuando en el mercado otros periféricos más curiosos como tablas de snowboard (o skateboard) y hasta pistas de baile.

Webcam

Se trata de un periférico que nos permite realizar videoconferencias, es decir, poder

comunicarnos con otras personas a través de Internet y de manera visual (si ambos disponen de WebCam, se pueden ver entre ellos).

Básicamente, se trata de una mezcla de cámara de fotos y videocámara digital pero que maneja vídeos de muy baja calidad para que puedan ser transportados con facilidad por Internet. Si además de la WebCam, disponemos de micrófono, también podríamos hablar y escuchar a nuestro interlocutor.

© Copyright Creative Labs (Irlanda) Ltd.

> **Nota**
> En Internet está de moda el uso de estos periféricos como ventanas que nos acercan a otros lugares remotos, ya que se instalan en un lugar determinado (otra ciudad o país, por ejemplo) y están permanentemente conectadas.

© Copyright Creative Labs (Irlanda) Ltd.

La mayoría de modelos de WebCam también ofrecen la posibilidad de realizar fotos fijas de mayor o menor calidad según el tipo de cámara. También es posible encontrar WebCam con micrófono integrado, con lo cual se hace innecesario disponer del mismo de forma independiente a la propia cámara.

Pero, resulta difícil encontrar un común denominador en lo que respecta a las características de este tipo de periféricos, pues existen WebCam desde lo más básico hasta lo más sofisticado, tanto en diseño como en prestaciones (zoom digital, vistas

panorámicas, grabación de vídeo de calidad, sensor de movimiento, monitorización remota, captura de vídeo retardada...).

Las últimas novedades en este tipo de periféricos consisten en la incorporación de sensores CCD similares a los de las cámaras de fotos digitales. Claro está que este tipo de avances no siempre suponen una necesidad cuando lo que se busca con una WebCam es la espontaneidad de la comunicación visual instantánea.

© Copyright Creative Labs (Irlanda) Ltd.

Cámara digital

Las cámaras digitales han revolucionado el concepto de imagen digital. Tanto las cámaras digitales fotográficas como las de vídeo (videocámaras digitales) forman un equipo perfecto con nuestro ordenador personal.

Esta revolución digital se ha producido no sólo en el campo profesional, sino también en el doméstico. Por un precio asequible, podemos transferir vídeos e imágenes directamente a nuestro ordenador, para luego retocarlas, imprimirlas o simplemente disfrutarlas.

© Copyright CASIO Europe GmbH.

En cuanto se refiere a las cámaras fotográficas, el abaratamiento progresivo de las tarjetas de memoria ha contribuido a popularizar este tipo de periféricos. Ahora podemos disfrutar de fotos de excelente calidad y de la posibilidad de almacenar un gran número de ellas en la propia cámara.

© Copyright CASIO Europe GmbH.

Uno de los especiales atractivos de estas cámaras es el disponer de pantallas LCD a través de las que podemos ver la imagen capturada nada más realizarla y así decidir guardarla si nos gusta cómo ha quedado o borrarla si resulta defectuosa por algún motivo.

La calidad de imagen de las cámaras de fotos digitales se mide en megapíxeles, unidad que mide la resolución en millones de píxeles (por ejemplo, 4 megapíxeles para designar una calidad máxima de 4 millones de píxeles).

© Copyright Adcon Sistemes, S.L.

Nota

El píxel es la unidad mínima de representación digital del color. Tiene forma cuadrada y almacena la información sobre intensidad, matiz y transparencia. Su tamaño es relativo y depende del resto de píxeles que forman parte de la misma imagen. También depende de la resolución y de la profundidad de color de la imagen. Veremos esto con más detenimiento en el capítulo dedicado al diseño gráfico y multimedia.

Además, algunos modelos de cámaras fotográficas digitales también nos permiten grabar y almacenar pequeños fragmentos de vídeo con una muy buena calidad de imagen.

Respecto a las videocámaras, básicamente la diferencia con las "antiguas" cámaras analógicas consiste en que la señal de vídeo se codifica en binario (con ceros y unos). Esta codificación se emplea también en reproductores de DVD y, gracias a los avances en la compresión, en la transmisión digital del vídeo. Las ventajas son infinitas, por ejemplo, la calidad que se ofrece y que las grabaciones no se deterioran como en el vídeo analógico, aunque todo depende del soporte que utilicemos y que éste no sufra daños insalvables (CD-ROM, DVD, etc.).

PDA y Palm

PDA y Palm son dispositivos portátiles, de tamaños muy reducidos, que realizan muchas de las funciones de un ordenador personal. Aunque son totalmente autónomos, su funcionalidad aumenta cuando los conectamos a nuestra computadora, normalmente a través de un puerto USB (aunque cada vez proliferan más las conexiones inalámbricas mediante infrarrojos o *Bluetooth*).

PDA (*Personal Digital Assistant*, Asistente Personal Digital) y Palm son dos denominaciones distintas para un tipo de dispositivo digital genéricamente denominado *Handheld*; el nombre depende de la compañía que lo haya fabricado y el estándar que hubiera elegido de los dos. Palm Inc. es el fabricante de los dispositivos que llevan su nombre, los cuales utilizan un sistema operativo propio denominado Palm OS. En cambio, son muchos los fabricantes de PDA, la mayoría de los cuales utilizan los sistemas operativos PocketPC y Windows CE.

© Copyright Microsoft Corporation.

Son dispositivos muy sencillos de usar y muy intuitivos. Para introducir datos y navegar no se utiliza ratón ni teclado, sino un pequeño lápiz con el que tocamos la reducida pantalla del dispositivo que, en cada vez más modelos, es de color.

Las Palm y las PDA tienen su propia memoria (es habitual que dispongan de su propia memoria interna, ampliable a través de tarjetas de memoria flash, memorias SD, *Secure Digital* o *MultimediaCard*) y procesador, y aunque suelen ser empleadas como agendas, sus usos van mucho más allá, e incluyen la posibilidad de conectarse a Internet, recibir y enviar correo electrónico, ver y enviar fotografías y vídeos, orientación mediante GPS... Además podemos encontrar dispositivos híbridos que incorporan las funciones tanto de un PDA como de un teléfono móvil.

© Copyright Palm Inc.

 Una de las principales ventajas identificativas de los PDA es su capacidad de reconocer el método de introducción de datos mediante escritura natural realizada mediante un pequeño puntero de plástico en un determinado área de su pantalla destinado a tal fin, de tal forma que podemos escribir sobre la misma como si se tratase de un block de notas. A pesar de ello, para quienes no acaben de acostumbrarse a este sistema (hay que desplazar el puntero de una determinada forma), existen pequeños teclados portátiles plegables especialmente pensados para los PDA. También existen PDA que incorporan un pequeño teclado en el cuerpo del propio dispositivo, debajo de la pantalla.

Informática y móviles

Los teléfonos móviles, ya sean de primera, segunda o tercera generación (tecnología UMTS) están muy ligados a la informática y a los ordenadores. Existen multitud de formas para conectar nuestro teléfono móvil al ordenador, dependiendo del modelo y marca del teléfono, pero la utilización de ambos dispositivos como terminales de comunicación está muy generalizada.

Podemos navegar con nuestro teléfono (WAP o superior), mandar fotos a Internet o mandar correos electrónicos que se leerán en un ordenador. Pero el uso más común que une a estos dos aparatos es el envío de mensajes SMS (*Short Message Service*, Servicio de Mensajes Cortos).

Existen multitud de programas y de direcciones de Internet, a través de las cuales podemos mandar mensajes a móviles si disponemos de un ordenador con conexión a Internet. Otro tipo de mensajes son los MMS (*Multimedia Message Service*, Servicio de Mensajes Multimedia), en los que el texto da paso a la imagen. Además, de Internet podemos descargarnos logos, melodías e incluso juegos.

Periféricos específicos para portátiles

Los ordenadores portátiles, dadas sus peculiaridades, tienen unos periféricos especialmente diseñados para ellos. A veces se trata simplemente de accesorios con un tamaño y peso menor, pero también existen periféricos que sólo funcionan con este tipo de ordenadores.

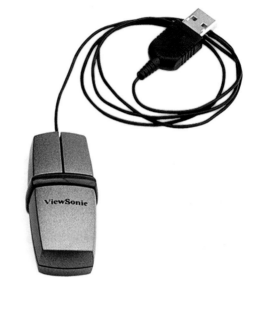

Las tarjetas PCMCIA (*Personal Computer Memory Card Interface Association*), un acrónimo algo rebuscado) son un milagro de la miniaturización ya que en una simple tarjeta pueden contener, desde un módem hasta un disco duro portátil. La mayoría de los equipos portátiles disponen de ranuras para estas tarjetas, que son muy prácticas (dependiendo de lo que necesitemos) aunque su precio es bastante alto.

Existen otros periféricos (impresoras, ratones, grabadoras) que por su tamaño o simplemente por ser externos (el ordenador no tiene porqué "abrirse" para que se instalen) son idóneos para los ordenadores portátiles, pero también se pueden usar con los ordenadores de escritorio.

Capítulo 2
El sistema

Cómo se almacenan

Si abrimos un ordenador encontraremos multitud de pequeños microchips. Estos microchips están formados por transistores, que son la unidad más básica del hardware del ordenador. El transistor sólo puede crear información binaria: un 1 si pasa corriente y un 0 si no pasa corriente. Estos ceros y unos son los bits, que forman el lenguaje más básico que puede entender el ordenador, que puede crear cualquier número a través de las operaciones que realizan los transistores.

Los números binarios son la lengua materna de los ordenadores. A partir de este sistema el ordenador puede elaborar representaciones de millones de números, letras y palabras y cientos de miles de colores y formas.

 Para nosotros es difícil comprender la notación binaria, por eso se suelen pasar a algún sistema más comprensible como ASCII, un sistema universal que representa las letras del alfabeto y los signos más conocidos.

Por tanto, los datos permanecen físicamente como ceros (0) y unos (1) ya sean gráficos, texto o números, de forma microscópica en la superficie del disco. Dependiendo de cada sistema operativo, los datos se organizan según un esquema o sistema de archivos, que define la estructura con la que se organizan y se localizan los datos en el disco. Los datos se almacenan en unidades llamadas *clusters*, que tienen un tamaño concreto en bytes. Cada sistema de archivos administra los clústeres de una forma, y en cada sistema tienen un tamaño distinto.

Por encima del lenguaje binario, y pasando por otras codificaciones intermedias como la octal y la hexadecimal, está el lenguaje máquina, formado por complejas órdenes que administran todos los recursos del hardware (escribir un dato en memoria, sumar dos números...). Después del lenguaje máquina ya encontramos el Sistema Operativo que administra todos los recursos del sistema y gestiona los datos. Primero está el núcleo del sistema operativo y por encima, la capa externa, que compone la interfaz de usuario, ya un lenguaje humano de alto nivel que podemos entender.

La interfaz es lo que el usuario ve en el ordenador y a través de ella interactuamos con el hardware para conseguir que el equipo haga lo necesario para completar las tareas que deseemos. La interfaz puede ser gráfica (la mayoría de las actuales) o de comandos (tenemos que escribir las órdenes).

Un sistema operativo está formado por muchos programas que realizan multitud de acciones básicas (grabar archivos, crear carpetas, cambiar la hora y la fecha) y también controla todos los programas de aplicación que ejecutemos en nuestra computadora. Los programas de aplicación (el software) son los que realmente resuelven los problemas específicos del usuario.

Lenguajes de Programación

Los lenguajes de programación son precisamente eso, lenguajes, con su propio vocabulario y gramática, que se utilizan para poder comunicarse con el ordenador y poder así diseñar las aplicaciones a un nivel más cercano al lenguaje máquina del ordenador. Los lenguajes son como idiomas que debemos aprender para poder programar y con los que indicamos órdenes a la computadora. Por ejemplo:

Si Acontecimiento1 **entonces** Orden1 **si no** Orden2

```
Public Type RECT
    Left As Long
    Top As Long
    Right As Long
    Bottom As Long
End Type

Public Declare Function DrawEdge Lib "user32" _
    (ByVal hDC As Long, _
    qrc As RECT, _
    ByVal edge As Long, _
    ByVal grfFlags As Long) As Long

Public Declare Function GetWindowDC Lib "user32" _
    (ByVal hwnd As Long) As Long

Public Declare Function ReleaseDC Lib "user32" _
    (ByVal hwnd As Long, _
    ByVal hDC As Long) As Long

Public Declare Function GetClientRect Lib "user32" _
    (ByVal hwnd As Long, _
    lpRect As RECT) As Long
```

Es un ejemplo de una condición, que si se cumple, da unas órdenes. Las palabras en negrita serían propias del lenguaje de programación. También se usan fórmulas con operadores, matrices, variables, constantes... exactamente igual que en las Matemáticas.

Los lenguajes de programación son en definitiva acuerdos o convenios a los que se han llegado entre muchos programadores, para utilizar lenguajes comunes para escribir programas. La mayoría de estos lenguajes usa el inglés como vocabulario.

Existen tantos lenguajes de programación que todo cuanto se diga al respecto resulta demasiado simplificador. No obstante, veamos algunos conceptos muy básicos...

Los lenguajes de programación contienen expresiones en las cuales se utiliza una especie de combinación de lenguaje de tipo matemático y vocabulario humano. Por tanto, después de ser programados los programas necesitan ser compilados, es decir, necesitan pasar un proceso cuyo objeto es traducir el programa al lenguaje máquina para que pueda ser ejecutado por el ordenador.

Sin embargo, existen lenguajes de programación que, en vez de ser compilados necesitan un programa intérprete que analiza directamente la descripción simbólica del programa y realiza las instrucciones correspondientes. Los lenguajes de programación que requieren del uso de un intérprete suelen estar más cerca del lenguaje humano, por lo cual a menudo son denominados como Lenguajes de Alto Nivel.

Por el contrario, los Lenguajes de Bajo Nivel no necesitan de un intérprete que traduzca las instrucciones pues se trata de lenguajes que el ordenador puede entender a la hora de ejecutar un programa.

El sistema operativo y las aplicaciones

El sistema operativo es el principal responsable de que todo funcione perfectamente en nuestro ordenador. Sin sistema operativo prácticamente no podríamos hacer nada, pero sin las aplicaciones no podríamos hacer nada productivo.

Las aplicaciones están diseñadas por programadores pensando en una utilidad y en una máquina, pero sobre todo pensando en un sistema operativo específico. Cada aplicación debe respetar unas reglas básicas dadas por ese sistema, sin las cuales no podría funcionar bajo esa plataforma. Digamos que primero es la programación del sistema operativo y luego la de las aplicaciones, que deben ser compatibles. Por eso no podemos abrir una aplicación diseñada para un sistema operativo en otro, a no ser que sean sistemas operativos compatibles o realizados por la misma compañía, como es el caso de Microsoft con MS-DOS y Windows, aunque sólo para algunos casos.

Debido a lo anterior, es fundamental que cuando adquiramos un programa para nuestro ordenador en el embalaje o caja del mismo esté específicamente indicado que el software funciona en el sistema operativo que tenemos en nuestro equipo.

© Copyright Microsoft Corporation.

Cuando encendemos el ordenador, lo primero que se carga en la memoria es el sistema operativo que esté instalado en el mismo, pues es él quien controla todos los recursos del sistema (hardware instalado, periféricos, ejecución de aplicaciones software, etc.).

Es importante, además, recordar que cada sistema operativo utiliza un esquema distinto para almacenar información, un sistema de archivos distinto. Por tanto, debemos tener esto en cuenta si vamos a utilizar la misma información en diferentes máquinas con diferentes sistemas operativos, tratando de utilizar convenciones de almacenamiento de datos que sean multiplataforma (compatibles con varios sistemas operativos, como por ejemplo el ISO, estándar internacional para el almacenamiento de datos en CD-ROM).

Los archivos

Los archivos son una especie de contenedor de los datos, con unas peculiaridades muy específicas que se suelen reflejar en su extensión. Cada archivo se nombra según unas reglas específicas (longitud o caracteres que no se deben usar) que dependen de cada sistema operativo (por ejemplo, en MS-DOS, el nombre no debe superar los ocho caracteres más tres de la extensión). El nombre del archivo estaría incompleto sin la extensión, que sería algo así como su carné de identidad, sin el cual no podría viajar por el complicado mundo de los discos y los datos.

La extensión suele venir dada por la aplicación que creó el archivo o la aplicación para la que fue creada. Por ejemplo, un archivo "Hola.doc" indica que su nombre es "Hola" y su extensión nos dice que se trata de un archivo para Microsoft Word. El sistema operativo, según la extensión del archivo, ejecuta una aplicación determinada cuando hacemos doble clic sobre el mismo para abrirlo (aunque esto podemos modificarlo y configurar la aplicación que nosotros deseemos como predeterminada para una determinada extensión). Normalmente el sistema operativo representa cada archivo con un determinado icono propio del programa predeterminado para ejecutar un archivo con una determinada extensión.

 Existen miles de tipos de extensiones distintas. Si se encuentra con alguna que no conoce y que tampoco es reconocida por el sistema operativo (no se abre ningún programa al hacer doble clic en el archivo), puede visitar la página Web http://glosarium.com/list/7/index.xhtml, en la cual encontrará un diccionario de extensiones bastante completo.

Éstas son algunas de las extensiones de archivo que va a encontrarse a menudo:

- **.txt:** Documento de texto plano, sin formato. En Windows su aplicación predeterminada es el Bloc de Notas.

- **.doc:** Documento Microsoft Word. Soporta el texto de varios formatos, además de la inserción de imágenes y otras muchas características para la creación de documentos bastante completos.

- **.rtf:** Documento de texto enriquecido. Es similar a los documentos de Word, pero es un estándar admitido casi por cualquier programa procesador de textos, con lo cual es una buena opción para generar documentos.

- **.jpg:** Archivo de imagen especialmente indicado para la representación de fotografías en Internet gracias a la buena calidad de imagen que se obtiene en archivos bastante reducidos.

- **.pdf:** Formato de archivo para documentos cuyo aspecto y contenido aparece idéntico independientemente de si se abre en un PC, en un Mac, o en otro sistema operativo, o incluso en una PDA. Se pueden conseguir documentos muy completos en unos pocos cientos de Kilobytes, con lo cual es un formato de archivo que también se utiliza mucho en Internet. Además, su contenido puede ser protegido, con lo cual es un formato ideal para documentos cuyo contenido se quiere que no pueda ser modificado por motivos de seguridad o para proteger derechos de autor.

- **.mp3:** Archivo de audio muy popular pues reproduce una excelente calidad de sonido (calidad CD o incluso superior) en archivos que sólo ocupan unos pocos megabytes.

- **.mpeg:** Archivo de vídeo. Existen distintas versiones y calidades. El mpeg2, por ejemplo, se suele usar como formato de vídeo de calidad adecuada para un DVD.

Existen otros tipos de archivos que no son específicos de un programa de aplicación, sino que su utilidad puede ser otra (archivos del sistema, de ayuda, temporales, etc.).

Los archivos ocupan un determinado espacio en nuestro disco duro. Existen distintos tipos de unidades para medir cuándo ocupa un archivo. La unidad mínima de información es el bit (que almacena un 1 o un 0). Otras unidades que encontraremos habitualmente son el byte, con diversos prefijos para unidades mayores, como el Kilobyte (K), el Megabyte (Mb o Mega) y el Gigabyte (Gb o Giga). Un byte contiene 8 bits; un Kilobyte contiene 1024 bytes. Un Mega tiene 1024 K y un Giga 1024 Megas.

MS-DOS

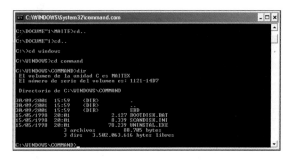

MS-DOS es el acrónimo de *Microsoft Disk Operating System* (sistema operativo de discos de Microsoft, ya que en sus primeras versiones su misión era grabar y leer discos) y en la versión de Microsoft, MS-DOS, fue uno de los sistemas operativos más populares antes de la aparición de Windows.

A pesar de que en teoría ya no debería existir, todavía está presente en muchos ordenadores con el sistema operativo de Windows. En Windows XP podemos ejecutar MS-DOS en una ventana haciendo clic en Inicio>Ejecutar; a continuación, escribimos "cmd" en el cuadro de texto Abrir y finalmente hacemos clic en Aceptar. En Windows 98, Windows ME y otras versiones, el procedimiento es el mismo sólo que en vez de escribir "cmd" se indica otro comando distinto en el cuadro de diálogo Ejecutar. Por poner otro ejemplo, en Windows 98 se utiliza "command".

La interfaz entre MS-DOS y el usuario, es decir, la comunicación, entre ambos, se realiza totalmente a través de órdenes escritas, por lo que sólo se necesitaba el teclado y el ratón no es necesario. Esta comunicación se realizaba a través del Indicador de comandos, que básicamente era un cursor, con un indicativo del sistema, en una pantalla con el fondo de un sólo color. Todas las acciones

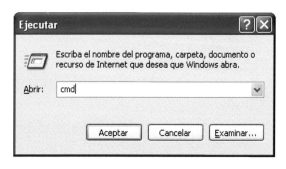

(crear y borrar archivos o carpetas, ejecutar programas, se realizan a través de órdenes que se escriben en la línea de comandos, justo después del indicativo del sistema C:\>). Debemos tener en cuenta, que los antiguos programas para MS-DOS funcionan en casi todas las versiones de Windows, pero si sólo tuviéramos MS-DOS en nuestro ordenador, nunca podríamos ejecutar aplicaciones Windows.

Una de las carencias fundamentales del DOS era la configuración de dispositivos que se quieran instalar en el ordenador ya que es incapaz de detectar tanto el hardware que posee el ordenador como el nuevo que se añada, siendo necesario configurar todo manualmente (para lo cual es necesario tener conocimientos al respecto). En este sentido, Windows y el hardware *Plug and Play* supuso un adelanto considerable y un motivo de popularización de la informática.

Windows

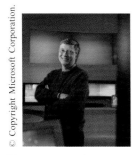

© Copyright Microsoft Corporation.

Windows se ha convertido en uno de los sistemas operativos más utilizados en todo el mundo. Cuando Bill Gates fundó la compañía Microsoft, y después de haber distribuido con bastante éxito MS-DOS, decidió diseñar un sistema operativo con interfaz gráfica (GUI). Gates se había inspirado en otro sistema que se controlaba con ratón y tomó prestada la idea para lanzar Windows.

En sus versiones 1 y 2 no tuvo mucho éxito, pero con Windows 3.x comenzó el dominio de Microsoft, que llevaría a Bill Gates a ser el hombre más rico del mundo. En comparación con los sistemas operativos de línea de comandos, Windows ofrecía desde el principio una interfaz gráfica muy atractiva, a base de ventanas por las que se navega, abriéndolas y cerrándolas.

Después vino Windows 95, con muchas mejoras y una gran campaña de publicidad. Aunque era un sistema con API (*Application Programming Interface*, Interfaz de Programación de Aplicaciones) de 32 bits, todavía era compatible con Windows 3.x (API de 16 bits). En teoría, Windows 95 era ya un sistema operativo multitarea, es decir, podían ejecutar varias aplicaciones a la vez sin sufrir problemas, lo que en la práctica dependía en parte de la potencia de la computadora. También se introduce el concepto de *Plug and Play* (conectar y usar) para los periféricos.

Una API (*Application Programming Interface*, Interfaz de Programación de Aplicaciones) es un conjunto de especificaciones que permite a los programadores utilizar unas funciones para crear aplicaciones sin necesidad de programar absolutamente todo desde cero. Por ejemplo, se puede utilizar una función determinada de la API para crear elementos básicos de la interfaz del programa, tales como ventanas, menús, etc.

Aunque, en general el aspecto mejorado de Windows 95 era la gran novedad, no era la única ni la más potente de sus nuevas funciones. Las versiones anteriores eran más bien un interfaz gráfico que se ejecutaba sobre MS-DOS. Era necesario comprar e instalar primero MS-DOS antes de instalar Windows sobre él.

En cambio, Windows 95 era un sistema operativo completo por sí mismo (integrado con MS-DOS como aplicación y realizando una instalación compartida de ambos), que además incorporaba los protocolos necesarios para conectar con la gran novedad del momento: las redes e Internet. Otra novedad cuyo desarrollo posterior ha sido imparable son las capacidades multimedia del sistema (que comenzó con una aceptable capacidad de reproducir sonido y CD de música).

Después vinieron Windows 98 y ME. También había otra línea para empresas: Windows NT.

Windows 98 introdujo mejoras como la inclusión de nuevos controladores de hardware y el sistema de archivos FAT 32 (que posibilita particiones de disco duro más grandes que en versiones anteriores). También presenta funciones multimedia más potentes, como la reproducción de DVD. Pero sobre todo, es especialmente destacable el nuevo soporte para conexión de dispositivos USB y la inclusión de Internet Explorer 4.0, además del *Active Desktop*, función que permite mostrar en el Escritorio de Windows el contenido de una página Web, mostrando sus cambios y actualizaciones en tiempo real.

Windows es un sistema operativo fácil de usar, y de ahí parte de su éxito, pero también hay que considerar que es necesario estar al día de nuevas actualizaciones y parches de seguridad que mejoran los posibles "agujeros" que son localizados y hechos públicos por parte de programadores avezados y malintencionados, si bien es cierto que el propio sistema facilita enormemente esta constante actualización.

Todo se representa a través de ventanas e iconos. Las ventanas podemos abrirlas, cerrarlas, minimizarlas, cambiar su tamaño y podemos abrir todas las que queramos a la vez. Cada aplicación que ejecutemos en Windows, será una nueva ventana abierta.

Los iconos no contienen nada dentro: son representaciones gráficas del tipo de archivo de que se trate e interactuamos con ellos haciendo clic con el ratón. El teclado se usa poco (sólo para escribir) aunque existen atajos de teclado (combinaciones de varias teclas pulsadas simultáneamente) que conviene saber, porque el ratón puede fallar... o también para trabajar con más soltura en determinadas aplicaciones.

Desde Windows 95, existe un botón **Inicio**, desde el cual podemos comenzar todas nuestras acciones, ya que podemos acceder a los programas, los Accesorios (aplicaciones de Windows útiles para tareas sencillas, como la Calculadora o el Bloc de Notas) o el Panel de Control (administración y configuración de los recursos del

sistema). Aun así, el Escritorio de Windows sigue siendo la zona más importante para trabajar y en él colocamos los accesos directos (iconos a modo de atajo) a las utilidades que más manejemos.

Windows XP es la última versión del sistema operativo de Microsoft. Se distribuye en dos versiones, Profesional (para empresas) y *Home Edition* (para usuarios particulares).

Lo primero que nos llama la atención de XP es su interfaz gráfica. Todo se ha rediseñado por completo desde la

barra de tareas (en la parte inferior de la pantalla) hasta los gráficos para decorar nuestro escritorio.

Windows XP supone la unión de las dos grandes vertientes de la familia Windows. Por una parte, las versiones basadas en el núcleo 9x, es decir, Windows 95, 98 y Millenium, y por otro lado la vertiente basada en el núcleo NT, Windows NT y Windows 2000. Windows XP pretende unir lo mejor de las dos líneas, aunque todavía queda mucho por hacer, ya que siguen existiendo problemas de compatibilidad, que impiden que muchas versiones antiguas de algunos programas puedan funcionar en Windows XP.

También se encuentran problemas de compatibilidad con algunos *driver* o controladores de dispositivo que no hayan sido firmados digitalmente por Microsoft por no haber pasado todas las pruebas que aseguran su total compatibilidad con Windows XP.

Cuando esto es así, si se intenta utilizar algún *driver* no firmado digitalmente, durante el proceso de instalación del mismo el sistema advierte al usuario sobre la posibilidad de

experimentar problemas si aún así se decide instalarlo haciendo clic en el botón **Continuar** del cuadro de diálogo que se muestra en pantalla conteniendo dicha advertencia. Aquellos controladores cuya instalación no presenta este problema de

compatibilidad son identificados por un logotipo especial que muestra el logo de Windows junto a la leyenda "Diseñado para Microsoft Windows XP" (*Designed for Microsoft Windows XP*).

Windows XP *Home Edition* está especialmente orientado al usuario doméstico. Por tanto, ofrece múltiples herramientas para el disfrute del ocio digital; fundamentalmente, destacan Media Player para reproducción y organización de audio y vídeo, Movie Maker para la captura y edición digital de vídeos procedentes de videocámaras. También incluye Windows Messenger, una herramienta de comunicación instantánea a través de Internet que resulta fundamental hoy día en cualquier hogar ("chatear" ya no es pasatiempo exclusivo de los más jóvenes, sino que el bajo coste y la inmediatez de este tipo de comunicación está logrando interesar a gentes de todas las edades). Y, dada la popularización que ha experimentado la fotografía digital, Windows XP ofrece, a través de la carpeta Mis Imágenes herramientas muy útiles y fáciles de usar para la gestión y visualización de fotos.

Precisamente, las carpetas y otras ventanas es uno de los elementos mejorados de esta última versión del sistema operativo del "gigante de Redmond". En una columna situada a la izquierda de todas las ventanas aparece un panel con accesos directos a las tareas más usuales a realizar (Tareas de archivo y carpeta), además de la información sobre las propiedades del elemento seleccionado (Detalles). También encontramos accesos directos a algunos de los recursos del equipo más utilizados por el usuario (Otros sitios). Este panel de ayuda orienta al usuario sobre qué puede hacer y cómo en cada caso, además de ser sensible al contexto: es decir, si la mayor parte del contenido de esa carpeta son, por ejemplo, imágenes, aparecerán también las tareas relacionadas dentro de la sección Tareas de imágenes. Además, Windows ofrece diversos asistentes para guiar fácilmente al usuario inexperto en la realización de tareas tales como la configuración de la red y de la conexión a Internet. Sin embargo, la actividad desarrolladora de Microsoft no va a quedarse, ni mucho menos, en Windows XP, pues ya está preparándose para el lanzamiento del nuevo Windows Vista.

Linux

Desde hace varios años, el monopolio de Microsoft con respecto a los sistemas operativos es prácticamente apabullante. Pero desde la fría Finlandia, un joven programador llamado Linus Torvalds, ha conseguido desafiar al mismísimo Bill Gates y a todo el gran negocio de la Informática.

Con solo 21 años, este joven estudiante creó Linux, que era en realidad el núcleo de un sistema operativo, la base, pero faltaba todo lo demás.

© Copyright IBM.

El origen de Linux es Minix, un pequeño sistema Unix desarrollado por el profesor Andrew S. Tanenbaum por motivos didácticos. UNIX es uno de los sistemas operativos más antiguos que existen. Se trata de un sistema desarrollado más en servidores (redes) que en ordenadores personales. Al contrario que Windows, no es un entorno gráfico, sino de texto, por lo que debemos saber las órdenes, o tener un manual cerca, para poder realizar operaciones.

Al publicar su trabajo en Internet, Linux no sólo podía ser adquirido gratuitamente por cualquier persona, sino que además podía ser mejorado por cualquier colaborador anónimo. Es lo que se suele denominar como "un sistema de código abierto", para el que se pueden desarrollar extensiones y mejoras para el sistema desde cualquier parte del mundo (Linus Torvalds escribió 50.000 líneas de este código, hoy son al menos un millón).

© Copyright OSTG, Inc. (Linux.com).

El único sistema democrático en la Informática ha tenido desde su nacimiento un crecimiento espectacular, con un aumento de los usuarios que puede hacer temblar al hombre más rico del mundo.

Aparte de que, según los expertos, es un sistema muy seguro y muy estable comparado con su rival (cualquier versión de Windows), la adhesión a Linux implica un sentimiento de rebeldía que rechaza Windows por ser, no sólo el sistema más poderoso, sino el que está casi impuesto desde el principio.

Un grupo de expertos, la mayoría de los cuales ni conocen personalmente a Linus Torvalds ni se conocen entre sí, son los encargados de seleccionar, de todo el código enviado, aquél que tiene la calidad suficiente como para añadirse a Linux.

Habitualmente se identifica a Linux mediante la imagen de su mascota, Tux (un pingüino).

Éstas son algunas de las características más destacadas de Linux:

- Es un sistema operativo compatible con Unix.

- Es libre, no hay que pagar por utilizarlo.

- Es un sistema de código abierto: se distribuye bajo la GNU GPL (GNU *General Public License*) y por eso su código fuente es público y accesible. Cualquiera con los conocimientos necesarios puede programar modificaciones y mejoras y enviarlas para que se evalúe si merece la pena incluirlas en el sistema.

- La mayoría de los programas creados para Linux también son libres y su código público; también suelen ser distribuidos gratis con la licencia GNU.

- Es multiplataforma: existen versiones que permiten su instalación en un buen número de plataformas distintas, incluyendo PC, Mac y otros (386-, 486-. Pentium, Pentium Pro, Pentium II, Amiga y Atari, Alpha, ARM, MIPS, PowerPC y SPARC).

- Es multitarea, es decir, es capaz de ejecutar múltiples programas al mismo tiempo.

- Es multiusuario: muchos usuarios pueden utilizarlo simultáneamente.

- Realiza protección de la memoria entre procesos para que el bloqueo de uno de ellos no cuelgue a los demás, o incluso el sistema completo.

- Existen distintas "distribuciones", es decir, distintos conjuntos de paquetes que junto con el núcleo forman el sistema operativo completo. Esto es así porque, dado que Torvalds sólo diseñó el núcleo o *kernel*, otras personas e instituciones empezaron a distribuir Linux eligiendo su propio conjunto de paquetes (programas y librerías).

El aspecto de Linux puede cambiar bastante dependiendo de la distribución de que se trate, incluso una misma distribución puede venir acompañada de varias interfaces gráficas distintas (X-Windows y otros gestores de ventanas). Y aunque algunas distribuciones hacen de Linux un sistema fácil de instalar, de usar y asequible a casi cualquier usuario, desde sus orígenes se ha tratado de un sistema creado por expertos y para expertos (desarrolladores, programadores, informáticos...).

© Copyright Novell, Inc.

Por tanto, y a pesar de lo mucho que se ha acercado al entorno del usuario final, es necesario poseer ciertas habilidades para poder sacarle partido adecuadamente. Ya no es necesario ser un excelente programador para hacerse con él, pero es muy recomendable que el usuario de Linux sea capaz de realizar a menudo tareas tales como formatear y reinstalar el sistema completo, particionar el disco duro, configurar la frecuencia de refresco del monitor... y otras, es decir, que sea capaz de administrar el sistema y realizar un correcto mantenimiento del mismo.

Claro que uno también puede confiar en los conocimientos de otros para hacer todo esto, y por tanto cualquiera puede sacar buen partido a Linux si cuenta con el soporte necesario por parte de otros.

Si el ordenador que uno usa pertenece a una entidad o institución probablemente existirá una persona experta encargada de los equipos. En muchas instituciones compensa económicamente utilizar un sistema libre como Linux (con el consiguiente ahorro al evitarse el pago de las

licencias de software), aunque tengan que pagar el sueldo de una o varias personas para proporcionar el soporte necesario en la utilización de este sistema operativo.

Otro asunto que también es conveniente plantearse a la hora de iniciarse con Linux es elegir una distribución determinada. Existen distribuciones que cuentan con el apoyo de instituciones públicas, como por ejemplo Guadalinex, cuyo uso es promovido por la Junta de Andalucía. También existen distribuciones comerciales que, por un bajo coste, nos proporcionan los CD con el software, con sus respectivas cajas, manuales u otro material didáctico, diversas utilidades de software...

Algunas de las distribuciones comerciales más famosas son RedHat, Mandrake, Debian, SuSE, Caldera y Esware. Por otro lado, también existe un Linux llamado Knopix que se ejecuta directamente desde un CD-ROM, sin necesidad de instalación, motivo por el cual suele ser muy recomendable para neófitos y otros que deseen curiosear un poco con Linux.

Nota

Optar por Linux no tiene que significar necesariamente renunciar a Windows, pues es posible tener instalados ambos sistemas operativos en un mismo ordenador.

Mac OS

Mac OS es el sistema operativo de los ordenadores Macintosh. También fue la propia Apple (fabricante del hardware Macintosh) quien inventó el sistema operativo de sus equipos, y además lo ha ido mejorando durante años ofreciendo al usuario de los Mac un sistema estable, robusto y potente.

Mac OS viene ya instalado en los nuevos equipos Mac, con lo cual para empezar a disfrutar de ellos sólo hay que encenderlos y ¡listo!

La estabilidad y potencia de Mac OS ha hecho del Mac un equipo de uso generalizado en algunos campos, como el Diseño Gráfico, la creación profesional de música, la edición profesional de Vídeo Digital... Sobre todo, en todo cuanto al mundo de la multimedia profesional se refiere ha sido crucial la invención del FireWire, pues se trata de un campo cuyas aplicaciones software requieren constantemente de la transmisión de gran cantidad de datos a alta velocidad. Por tanto, FireWire ha hecho del Mac una herramienta si cabe aún más imprescindible en sitios como, por ejemplo, los estudios profesionales de diseño gráfico y publicitario, los talleres de fotocomposición de las imprentas, los estudios de creación de videojuegos y animación digital, las salas de realización y producción de imagen digital en movimiento para cine o televisión...

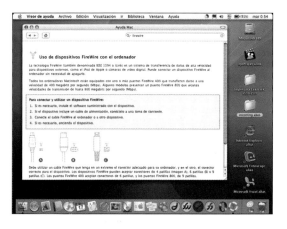

Buena parte de esa estabilidad de Mac OS (sobre todo en sus últimas versiones) viene dada por el hecho de que sea un sistema basado en UNIX, que además posee una memoria protegida al 100 por cien, lo cual impide que ni el sistema ni sus aplicaciones queden colgadas. Si una aplicación, por cualquier motivo, falla, se puede cancelar su ejecución fácilmente sin interferir en los demás programas o procesos activos.

La probada competencia del Mac en diversos entornos profesionales no quiere decir que Apple se haya olvidado del usuario final, el usuario doméstico. Por el contrario, ha utilizado su experiencia en esos campos para ofrecer al usuario de Mac OS características potentes, fáciles de usar y a la medida de sus necesidades. Las versiones más recientes de Mac OS, es decir, a partir de Mac OS X, han mimado al usuario ofreciéndole maravillosas herramientas para disfru-

tar del ocio digital, tales como iMovie e iDVD (edición y grabación de vídeo digital), iPhoto (fotografía digital) e iTunes y GarageBand (reproducción, grabación y composición de audio digital).

Estos programas forman parte de un paquete denominado iLife, que viene instalado de serie en todos los Mac, aunque no es éste el único software que los Mac traen de serie.

Tener Mac OS no sólo supone contar con un sistema operativo fiable, potente, fácil de usar y de una gran belleza estética, sino que también supone contar con un montón de aplicaciones útiles que nos evitan el tener que buscar software adicional para crear documentos PDF, navegar, chatear y realizar videoconferencia a través de Internet, grabar CD o DVD, catalogar, editar y solicitar copias en papel de las fotos hechas con nuestra cámara digital, crear una composición musical para después añadirla a un pase de diapositivas y, a su vez incluir éste como parte de un vídeo doméstico que muestra las mejores imágenes de nuestras vacaciones...

Las aplicaciones ofimáticas tampoco constituyen un olvido a pesar de tanta y tan interesante aplicación multimedia. Y aunque también existe Microsoft Office para Mac, no tendrá que comprarlo si no lo desea, dado que Mac OS también incluye su propio paquete ofimático, iWork '05, que incluye un sofisticado procesador de textos y un editor de presentaciones.

© Copyright Apple Computer Inc.

Con estos programas se pueden generar archivos en los formatos más utilizados, incluyendo el .doc de Word, el PDF, archivos de PowerPoint y Flash.

La X de Mac OS X es el correspondiente en números romanos de la versión 10 del sistema operativo, continuando con la numeración de las versiones anteriores: Mac OS 8 y 9. Panther y Tiger son los apodos utilizados para denominar a las versiones 10.3 y 10.4, aunque a partir de la v10.0 todos los Mac OS son denominados con el nombre de un felino.

Los Mac nuevos siempre vienen equipados con la versión más reciente. Si posteriormente Apple comercializa nuevas versiones, el usuario puede adquirirlas abonando el correspondiente precio de la licencia.

No obstante, no debe preocuparse por la posibilidad de utilizar sus programas favoritos a pesar de que las versiones del sistema avancen. Todos los programas que funcionaban con Mac OS 9 siguen haciéndolo perfectamente con Mac OS X gracias

a la inclusión del correspondiente emulador. A la hora de ejecutar uno de esos programas el propio sistema detecta que dicho software estaba preparado para ejecutarse en una versión anterior; entonces inicia el emulador en una ventana y abre el programa dentro de la misma.

Por tanto, a pesar de que Mac OS mejore se conserva la compatibilidad para trabajar con programas pensados para versiones desfasadas.

Por otro lado, además de las ac-

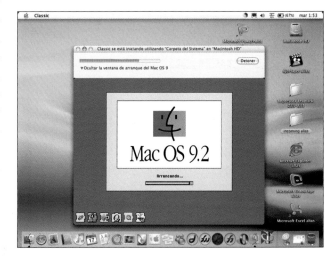

tualizaciones más voluminosas que motivan un cambio de versión (la diferencia entre Panther y Tiger, por ejemplo, la marcan 200 prestaciones nuevas), Apple efectúa periódicamente actualizaciones menores tanto del sistema como de sus aplicaciones predeterminadas a través de un sencillo asistente que se conecta con Internet, localiza para qué aplicaciones o funciones hay disponibles una actualización, descarga los archivos necesarios y los instala.

Con este asistente denominado **Actualización de Software** mantener el sistema al día es un proceso al alcance de cualquier usuario por neófito que sea. Esta simplicidad en el mantenimiento del sistema también incluye la posibilidad de reinstalar el mismo simplemente mediante la utilización de los CD o DVD de instalación que Apple proporciona para restaurar el sistema y sus aplicaciones.

Por tanto, al adquirir un Mac no sólo obtenemos un buen equipo con un montón de software ya instalado, sino que también obtenemos los CD y manuales originales del programa, junto con sus correspondientes licencias legales.

> Para cerrar el asunto de las versiones, comentar que Apple también edita versiones de su sistema operativo aptas para servidores y grandes sistemas empresariales: Mac OS X Server, actualmente se encuentra en su versión 10.4.

Quizás uno de los principales inconvenientes de usar Mac haya sido siempre la escasez de fabricantes de software preocupados por ofrecer versiones de sus programas compatibles con esta plataforma (excluyendo, claro está, el software profesional de los campos tradicionalmente "maqueros"). Sin embargo, en los últimos años esto ha dejado de ser un problema. Actualmente, existen versiones para Mac de la mayoría de programas existentes en el mercado. Gracias a esto, trabajar en entornos mixtos PC-Mac carece ahora de los antiguos problemas de compatibilidad. A continuación detallamos este tema.

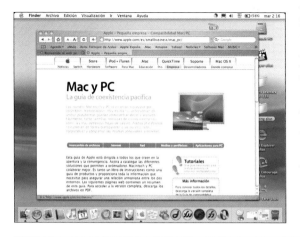

Mac OS X es un sistema que utiliza tecnologías estándar de muy diverso tipo. Esto, junto con la cada vez mayor disponibilidad de software y hardware compatible con Mac ha hecho posible que cada cual pueda trabajar con el sistema operativo que prefiera sin tener que preocuparse por si el destinatario de, por ejemplo, un *e-mail* con archivos adjuntos pueda ocasionar problemas al intentar abrir éstos en un equipo con otro sistema operativo instalado.

Capítulo 3
Software:
Las aplicaciones

Licencias de distribución de software: shareware, freeware, GPL...

Una licencia de software es un contrato entre el autor, productor o fabricante de un programa y el usuario mediante el cual se establecen una serie de condiciones y obligaciones por parte de ambos. La aceptación por parte del usuario de la licencia posibilita al mismo para su utilización. Existen distintos tipos de licencias de software según las condiciones establecidas en ellas para su utilización, distribución, copia, modificación...

Uno de los tipos más utilizados actualmente es el *shareware*, licencia de evaluación que permite la utilización total o parcial de las funciones de un programa durante un determinado lapso de tiempo (normalmente 30 días) con el objetivo de que el usuario pruebe el software y, si queda satisfecho, adquiera la licencia comercial para utilización ilimitada o bien registre el producto, según el caso.

Otro tipo de licencia muy extendida para la distribución de software es el *freeware*, licencia que permite la utilización del software sin cargo económico alguno ni limitación temporal en su uso. Sin embargo, esta gratuidad no significa que el *freeware* esté exento de otras condiciones y restricciones, tales como no modificar la aplicación, no venderla ni utilizarla con fines comerciales. En español al software distribuido con licencia *freeware* se le suele denominar con las expresiones "gratuito", "de libre distribución" o "de dominio público".

Por otra parte, es importante advertir que *freeware* no es lo mismo que software libre. El software libre se distribuye con un tipo específico de licencia; normalmente se trata de la licencia GPL (GNU *General Public License*, Licencia Pública General

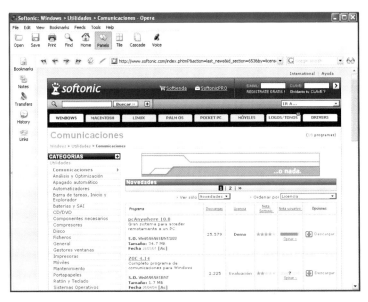

de GNU). El software libre, según la *Free Software Fundation* (principal promotor del proyecto GNU), "es un asunto de libertad, no de precio. [...] se refiere a la libertad de los usuarios para ejecutar, copiar, distribuir, estudiar, cambiar y mejorar el software".

Por tanto, para garantizar esas libertades el software libre se distribuye junto a su código fuente (recuerde lo comentado a este respecto en el tema de Linux).

Además de las licencias comerciales del software "no libre" (habitualmente proporcionadas junto al resto de documentación dentro de la caja del producto), otro tipo de distribución comercial bastante utilizada es el software "demo" (de "demostración"), el cual muestra las virtudes de un programa pero sin permitir su utilización.

 Existen otros tipos de licencias menos extendidas, pero que también podemos encontrar en los directorios de Internet que proporcionan descargas de software, tales como el *donationware* (se requiere realizar una donación caritativa a una determinada causa), el *abandonware* (software descatalogado distribuido por coleccionistas y nostálgicos).

Registrar y actualizar el software

Siempre que compremos licencias de software es conveniente registrarnos como usuario autorizado del mismo, fundamentalmente porque las empresas que producen y comercializan software suelen ofrecer servicios adicionales a quienes pagan las licencias. De entre esos servicios destaca la actualización y mejora de los programas, que puede llegar a ser imprescindible en programas tales como los antivirus y *anti-spyware*, entre otros.

Uno de los motivos fundamentales para que las empresas desarrolladoras de software actúen de esta forma es dar un valor añadido a sus clientes "legales" ofreciéndoles servicios a los cuales no tendrán acceso los usuarios ilegales que utilizan software pirata. El hecho de registrarnos como usuario con nuestro número de licencia nos asegura que el software adquirido no pierda valor con el tiempo; además esto nos permitirá recibir asistencia técnica sobre el programa si así lo necesitamos.

El proceso de registro del software puede realizarse por diversos medios, aunque actualmente Internet es el más utilizado. En la página Web del desarrollador o fabricante del programa éste suele proporcionar formularios e instrucciones para que los usuarios registren sus programas de forma fácil y rápida.

Sin embargo, cada vez es más habitual que las mismas aplicaciones proporcionen un método rápido y sencillo de registro a través de su interfaz, como puede ser una opción de menú o un botón de un cuadro de diálogo. Sobre todo, los programas *shareware* suelen avisar de la necesidad del registro una vez expirado el plazo de evaluación mostrando en pantalla un cuadro de diálogo con accesos directos a varios métodos para realizar dicha acción.

Procesadores de texto

Los procesadores son utilidades que nos asisten en la redacción de documentos. Hace ya tiempo que el ordenador sustituyó a la máquina de escribir, con ventajas más que obvias. Pero las necesidades son cada vez mayores y los documentos que podemos crear son cada vez más complejos.

Principalmente, estos programas nos proporcionan múltiples opciones a la hora de cambiar el tipo de texto (fuente, tamaño y color) y su disposición. Pero también podemos incluir muchos elementos que no son texto: imágenes, gráficos, etc.

Existen procesadores de texto básicos, como el Bloc de Notas de Windows, o el accesorio WordPad (ambos accesibles desde el menú Inicio>Programas>Accesorios) que simplemente nos permiten escribir y editar texto y, en el caso de WordPad, unas pocas opciones básicas para formatearlo (tipo de letra, tama-

ño, color, negrita, cursiva, subrayado, lista de topos, sangrías y tabulaciones).

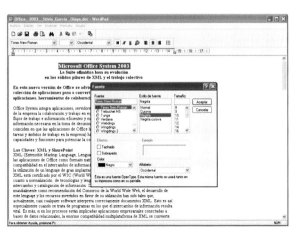

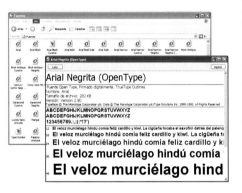

Aunque las posibilidades de WordPad son limitadas permite elaborar documentos sencillos y guardarlos en formato RTF, lo cual puede ser más que suficiente para muchos usuarios. Quizás su principal carencia es la posibilidad de insertar imágenes y otros objetos, para lo cual deberemos acudir a programas más completos, tales como el famoso Microsoft Word o OpenOffice.org Writer. Cada programa tiene sus particularidades, pero a la hora de trabajar con cualquier procesador de textos existen una serie de conceptos básicos que es necesario conocer:

• **Fuente o Tipo:** Término que designa el tipo de letra utilizado. Existen muchísimas fuentes distintas, e incluso Familias que agrupan diversas variantes de una misma fuente. Se puede comprobar qué fuentes tenemos instaladas en nuestro ordenador seleccionando Inicio>Configuración>Panel de control y haciendo doble clic en la carpeta Fuentes.

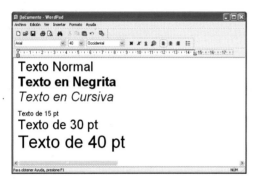

- **Estilo de fuente:** El texto puede resaltarse de diferentes formas utilizando el estilo Negrita, Cursiva, o ambos. El estilo Normal suele denotar a la fuente básica, sin formato adicional. En los procesadores de texto más completos también se denomina Estilo a un conjunto de atributos, agrupados mediante un determinado nombre, que se puede aplicar al texto de tal forma que todos los cambios de formato configurados para dicho Estilo son aplicados de una sola vez. Por ejemplo, podemos definir un estilo "Cabecera" para títulos de documentos que formatee el texto aplicando una fuente Times New Roman a 18 puntos, negrita, cursiva y de color azul marino. Al elegir este estilo, el texto seleccionado cambiará para reflejar todos esos cambios de una sola vez, con lo cual nos ahorramos aplicarlos por separado y paso por paso, es decir, no será necesario primero cambiar el tipo, luego el tamaño, después la negrita y la cursiva y, finalmente, el color.

- **Tamaño:** Podemos definir cómo de grande o de pequeña aparece una fuente determinada de entre una gran variedad de tamaños. El tamaño de las fuentes tipográficas se mide en puntos (pt).

- **Formato:** Dar formato a una fuente significa definir su tipo, estilo, tamaño, color, etc. Utilizando distintos formatos en nuestros textos los enriquecemos e individualizamos nuestros documentos.

- **Alineación:** Una línea o un párrafo de texto pueden alinearse horizontalmente de diferentes formas tomando como referencia su posición horizontal con respecto a los márgenes y bordes de la página. Los tipos principales de alineación son izquierda, derecha, centrada y justificada.

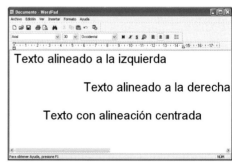

Aparte de los mencionados, existen muchos otros tipos de atributos distintos que podemos utilizar en un procesador de texto para formatearlo, tantos más cuanto más completa sea la aplicación que para ello decidamos utilizar.

En cuanto a aplicaciones determinadas, es de todos conocido Microsoft Word, y conocer este programa se ha convertido casi en una condición imprescindible para cualquiera que afirme dominar las herramientas ofimáticas a nivel usuario. No obstante, existen otras alternativas muy interesantes, tales como el procesador de OpenOffice.org, paquete ofimático gratuito que se distribuye bajo licencia GPL.

Microsoft Word 2003

Microsoft Word (con versiones para PC y Mac) es el procesador de textos más utilizado. Forma parte, junto a otras aplicaciones, del paquete de Office, que luego comentaremos.

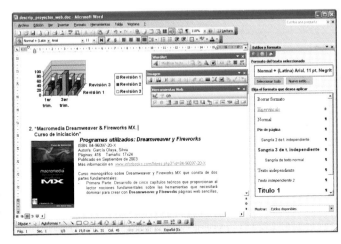

Word ha ido introduciendo nuevas mejoras en todas y cada una de sus versiones, que se han denominado de varias formas y que no suelen tener problemas a la hora de abrir en una versión más nueva un documento creado en otra versión anterior.

Word se ha convertido en todo un estándar, pero hay que tener en cuenta que no todo el mundo lo utiliza y que podemos encontrarnos con problemas de compatibilidad. Un archivo de Word tiene la extensión .doc, pero podemos grabar nuestros documentos con otros formatos que se puedan leer en la mayoría de los procesadores de texto, por ejemplo el formato RTF. No obstante, cada vez más Word mejora en compatibilidad, fundamentalmente porque también soporta formatos de archivo que son estándares internacionales para el intercambio de información:

• XML (*eXtensible Markup Language*, Lenguaje de Marcación Extensible), muy utilizado en Internet y en Bases de Datos

• HTML (*HiperText Marckup Language*, Lenguaje de Marcación de Hipertexto), el lenguaje de las páginas Web.

Con la cada vez mayor cantidad de opciones que nos da Word (retocar e insertar gráficos, crear páginas Web o preparar catálogos, pequeños libros, folletos, trípticos para su impresión) el apartado de Word en el que se han invertido más esfuerzos es precisamente la Ayuda. Word incorpora Asistentes que nos guían en determinadas acciones y un amplio sistema de Ayuda con potentes funciones de búsqueda de documentación tanto dentro de nuestro equipo como en Internet.

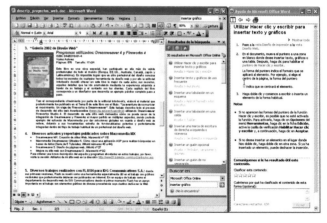

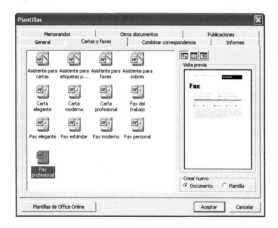

Otra herramienta de gran ayuda trabajando con Word son las plantillas, que son modelos para realizar diversos tipos de documentos (currículum, cartas, faxes, informes, publicaciones, folletos, páginas Web, mensajes de correo electrónico...) los cuales podemos modificar libremente según nuestras necesidades.

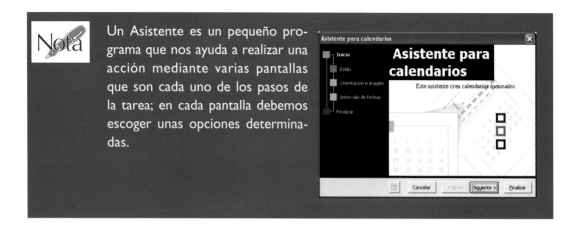

Un Asistente es un pequeño programa que nos ayuda a realizar una acción mediante varias pantallas que son cada uno de los pasos de la tarea; en cada pantalla debemos escoger unas opciones determinadas.

OpenOffice.org Writer

OpenOffice.org Writer es el procesador de textos que forma parte del paquete ofimático OpenOffice.org. Este software es uno de los proyectos más interesantes de software libre en el campo de la ofimática actualmente, pues sus funciones son muy completas y perfectamente equiparables a las de Word.

Además, podemos utilizar y editar con Writer los propios documentos generados utilizando Word. Y, sobre todo, hay que tener en cuenta que se trata de un producto de gran calidad y gratuito.

Al tratarse de un proyecto de software libre también contamos con la existencia de una comunidad de desarrolladores y promotores que se preocupan por la constante mejora del producto. En esta comunidad, también denominada OpenOffice.org (http://es.openoffice.org/), se invita a los usuarios a colaborar comunicando posibles errores y fallos. En el sitio Web de la comunidad se puede descargar el producto y consultar los manuales y un montón de documentación sobre la realización de tareas específicas utilizando el programa.

Writer proporciona algunas características propias que destacan por su gran utilidad.

Una característica de gran interés es la posibilidad de exportar a PDF cualquier documento, directamente desde el menú Archivo, y sin necesidad de instalar una aplicación específica para ello, lo cual resulta un interesante valor añadido (las aplicaciones para exportación a PDF suelen ser de pago).

Otra característica interesante es la barra de objetos gráficos, barra de herramientas para la manipulación de imágenes que ofrece una completa gama de utilidades cuya presencia en un procesador de textos sorprende (sobre todo la utilidad para la aplicación de filtros, herramienta propia de los programas de edición digital de imágenes).

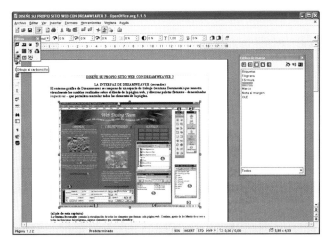

Hojas de Cálculo

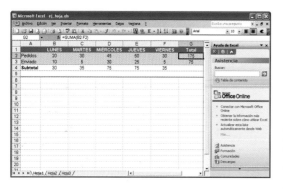

Las hojas de cálculo nos permiten realizar complejas operaciones a través de celdas distribuidas por una tabla (filas y columnas). Cada una de estas celdas tiene un nombre, que depende de su lugar en la tabla (como en el juego de los barcos: letras para las columnas y números para las filas, como A4, B2...) y contiene un valor, que puede ser un número o una fórmula, pero también cadenas de texto o fechas.

Podemos operar con todas las celdas (si el formato es compatible) y con los resultados podemos crear gráficos de muchos tipos. Las hojas de cálculo son muy útiles para estudios sobre empresas (variaciones anuales o contabilidad general) pero también en casa, donde nos pueden ayudar a ver si salen las cuentas. También resultan de gran utilidad a la hora de diseñar rápidamente documentos que deban incluir cálculos sencillos, como por ejemplo las facturas o presupuestos de una PYME.

La hoja de cálculo más usada también es de Microsoft, MS Excel, y contiene miles de fórmulas para realizar las operaciones más complejas. Otra alternativa muy completa es la hoja de cálculo de OpenOffice.org, Calc.

Las hojas de cálculo proporcionan múltiples herramientas para realizar operaciones de forma masiva, facilitando al máximo la realización de cálculos repetitivos y la actualización de modificaciones. Para ellos nos proporcionan herramientas tales como bibliotecas de funciones y gran cantidad de fórmulas predefinidas que podemos utilizar y modificar según nuestras propias necesidades.

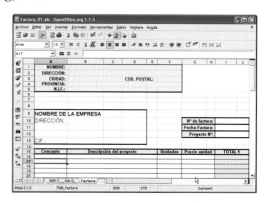

Nota: Además de la función básica consistente en la realización de cálculos matemáticos, contables y financieros, este tipo de aplicaciones se utiliza, entre otras muchas funciones, para ordenar y analizar datos numéricos, manipular listas de datos y mostrarlos visualmente mediante gráficos, realizar informes y estudios estadísticos...

Microsoft Excel 2003

Al igual que Word para procesadores de texto, Excel se ha convertido en el estándar para trabajar con hojas de cálculo.

Además de sus funciones de cálculo, Excel incorpora bastantes de las opciones de

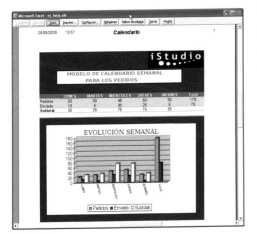

formato de textos propias de Word lo cual, unido a las opciones de formato de tablas de Excel, nos permite dar a nuestros trabajos un aspecto profesional e individualizado. Los textos y otros contenidos de las celdas pueden manipularse fácilmente mediante las acciones Copiar, Cortar y Pegar. También se pueden mover conjuntos completos de celdas, conservando tanto el formato de las mismas como su contenido.

Se pueden realizar distintos diseños de tablas configurando bordes de distinto grosor, anchos y altos de las celdas, colores de fondo, colores, tipos y tamaños de texto distintos.

También se pueden insertar imágenes ilustrativas, logotipos, diagramas y, por supuesto, gráficos creados a partir de los datos de la hoja.

Las hojas de cálculo se pueden agrupar mediante Libros, es decir, conjuntos de varias Hojas como si de un cuaderno se tratase. De forma predeterminada, Excel se abre con un Libro formado por tres Hojas, pero pueden añadirse más hasta un total de 255.

Excel es un programa complejo con muchísimas y potentes funciones, lo cual hace de la Ayuda y de los Asistentes herramientas fundamentales. Las Plantillas también resultan de gran utilidad a la hora de crear documentos como informes, facturas, balances, etc. Todos estos recursos de apoyo se complementan con información en línea en la página Web de Microsoft creada especialmente para proporcionar ayuda a los usuarios del programa (http://office.microsoft.com/).

OpenOffice.org Calc

En el campo de las hojas de cálculo OpenOffice.org nos ofrece, gratuitamente, su alternativa: Calc. Al igual que ocurre con Word y Writer, podemos abrir y modificar en Calc cualquier archivo creado con Excel, con lo cual el asunto de la compatibilidad no debe preocuparnos si nos decidimos por utilizar Calc y otros usuarios de nuestro entorno (compañeros de trabajo, clientes, etc.) siguen utilizando el programa de Microsoft.

Como referencia, la conversión de archivos de un programa a otro está documentada de forma bastante completa en el propio sistema de Ayuda de Calc.

Por otro lado, también podemos guardar en formato PDF cualquier trabajo realizado en Calc sin necesidad de instalar software adicional, con lo cual nos aseguramos al cien por cien que nuestro trabajo será visto en otros ordenadores exactamente igual en el nuestro.

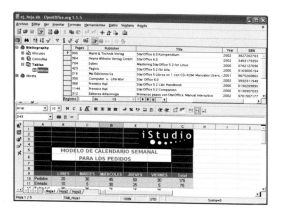

Las posibilidades de Calc cubren prácticamente todos los tipos de tareas de cualquier otra aplicación de hoja de cálculo, pero además incluye una característica muy interesante: la capacidad de funcionar como una base de datos para organizar información y, a partir de diversas fuentes de datos crear consultas, informes y formularios. Podemos utilizar como origen de datos la propia hoja de cálculo, pero también cualquier texto o la libreta de direcciones de nuestro programa de correo electrónico (sólo libretas de Windows, Outlook, Mozilla y directorios LDAP). También se aceptan fuentes de datos dBase, MySQL, ODBC, JDBC, ADO y Adabas, lo cual nos permite interactuar con información procedente de casi cualquier base de datos de entre las más utilizadas actualmente.

 Junto a los tipos básicos de cálculo, podemos utilizar funciones de cálculo que se insertan de forma interactiva mediante el AutoPiloto de funciones.

Presentaciones

Una presentación es un tipo especial de documento multimedia cuya función consiste en apoyar visualmente la exposición pública de un discurso. Muchas veces el ordenador nos puede ayudar en la tarea de explicar algo, gracias a la unión de gráficos y texto, aunque una presentación también puede incluir sonido y vídeo. Las presentaciones pueden sacarnos de más de un apuro y pueden resultar ser el complemento ideal a una pesada explicación sólo con nuestra voz y una simple pizarra. También es más agradable ver una presentación animada en un ordenador, que leer un texto, por lo que su valor didáctico también es importante, sobre todo cuan-

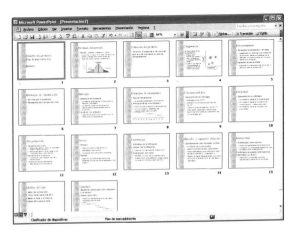

do se trata de exponer conceptos complicados. Los programas para realizar presentaciones intentan aprovechar todas las posibilidades y por medio de fáciles comandos podemos realizar útiles e incluso creativas exposiciones. La base de una presentación son las diapositivas. Si pensamos en una presentación como si fuera un cuaderno, las diapositivas vienen a ser en cierto modo cada una de las "hojas" que la forman. Y puesto que el objetivo es su reproducción en pantalla, su tamaño está adaptado a dicha función.

La presentación más básica puede consistir en la mera enumeración esquemática de los temas principales a tratar en la exposición del orador, es decir, un esquema textual del orden a seguir en el discurso. Pero es mucho más habitual que ese esque-

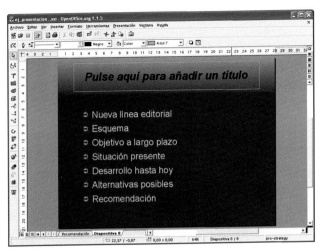

ma esté apoyado por gráficos ilustrativos y notas para ayudar al propio orador.

Un ejemplo claro para comprender esto sería la presentación, por parte de un ejecutivo, del informe de resultados anual de su empresa. El ejecutivo puede mostrar una diapositiva conteniendo, por ejemplo en una tabla, los datos numéricos de los beneficios obtenidos ese año con respecto a años anteriores.

Pero para que su exposición sea completa es deseable acompañar esa tabla de datos con un gráfico que permita la comparación visual por años de esos números, por ejemplo, un gráfico de bloques en el cual los beneficios de cada año son representados mediante barras de distintos colores.

El programa más utilizado en este campo también pertenece al paquete Office de Microsoft y es PowerPoint. Nuevamente, también en este campo de la ofimática OpenOffice.org nos ofrece una alternativa a tener en cuenta: Impress.

Microsoft PowerPoint 2003

El funcionamiento de este programa emula al de un proyector de diapositivas y en cada una de ellas podemos insertar desde texto en cualquier formato hasta gráficos y sonidos. PowerPoint es uno de los programas más intuitivos y fáciles de usar dentro del campo de la ofimática. Nos ofrece una amplia gama de presentaciones prediseñadas y listas para usar como modelo con sólo cambiar unos cuantos textos y personalizar algunos gráficos.

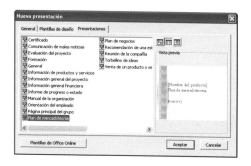

Los modelos de PowerPoint no sólo se limitan a diapositivas individuales ni a presentaciones completas, sino que también podemos elegir combinaciones de colores y animaciones ya preparadas para que los elementos de una diapositiva aparezcan o desaparezcan de forma sucesiva en pantalla, y también para pasar de una diapositiva a otra.

Igualmente, podemos crear fácilmente una presentación a partir de una plantilla creada por otros o bien descargar plantillas nuevas desde la página Web de Office Online.

Otra opción para ahorrarnos trabajo es el Asistente para autocontenido, que paso a paso nos guía en la creación de una presentación totalmente personalizada valiéndose de elementos presentes en plantillas, modelos y otros recursos.

OpenOffice.org Impress

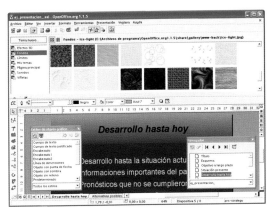

Impress es el editor de presentaciones de OpenOffice.org, alternativa gratuita a PowerPoint, pero totalmente compatible con los archivos creados mediante el programa de Microsoft.

En este caso hemos de advertir que, a comparación de PowerPoint, esta aplicación nos proporciona menos posibilidades en cuanto a elementos prediseñados se refiere. No obstante, proporciona plantillas que ayudan a homogeneizar el aspecto de todas las diapositivas que forman parte de una misma presentación.

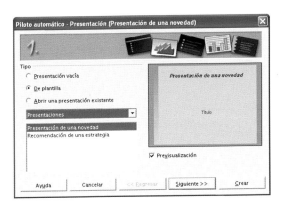

Y también ofrece un asistente paso a paso para crear presentaciones que utilicen esas plantillas adaptándolas a las necesidades particulares del usuario. Se denomina Piloto automático y permite elegir el tipo de presentación deseada, el estilo de las diapositivas, los efectos visuales de transición entre ellas y el medio de publicación de la presentación (diapositiva, transparencia, pantalla o papel).

Una ventaja muy interesante de Impress es que no sólo permite guardar en formato HTML para publicar en Internet el contenido textual y gráfico de las diapositivas, sino que además también permite exportar las presentaciones en formato Flash (archivos .SWF), un tipo de multimedia muy famoso en Internet pues permite publicar animaciones dando como resultado archivos de pequeño tamaño. Por tanto, utilizando el formato Flash podemos mantener los efectos y movimiento aplicados a los objetos y transiciones de las diapositivas.

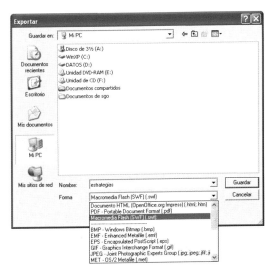

Bases de datos

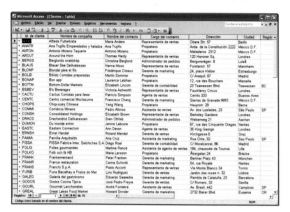

Las bases de datos son aplicaciones que nos ayudan a gestionar grandes volúmenes de información. Esta gestión incluye la mejor forma de introducir nuevos datos, borrarlos u ordenarlos para su posterior búsqueda. Existen muchos programas de gestión de bases de datos y muchas posibles utilidades (bibliotecas, registros, grandes archivos, etc.) pero la mayoría de las bases de datos utilizan una terminología común que deberíamos conocer.

El aspecto de una base de datos de usuario es similar a la cuadrícula de celdas de una hoja de cálculo. En este caso las columnas de denominan "campos" y las filas son los "registros", estando todos ellos contenidos en un objeto denominado "Tabla". La función de una Tabla es almacenar información de forma estructurada.

Por ejemplo, imaginemos que queremos organizar la colección de películas de un videoclub. Primero deberíamos definir unos campos, con unas determinadas características (longitud, si será texto, número u otro valor, etc.). En este caso, los campos podrían ser el título de la película, el director, el reparto y el tipo de película. Cada una de esas películas que nosotros vamos introduciendo en la base es un nuevo registro. Podemos ordenar los registros como queramos y sacar o modificar listados.

La base de datos del videoclub puede contener varias Tablas que además pueden relacionarse entre sí mediante campos comunes. Por ejemplo, podemos tener una Tabla que contenga los datos que los clientes a quienes alquilamos las películas. Esta Tabla de clientes deberá estar relacionada con la Tabla que contenga el título y otros datos de la película, y para crear la relación puede utilizarse como campo común el propio título de la película.

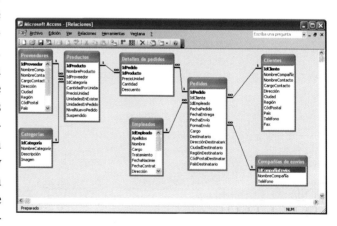

Agrupando los datos en distintas tablas y relacionando éstas, facilitamos las búsquedas y evitamos la duplicación de información.

En nuestro ejemplo, el hecho de tener una tabla para los clientes y otra para las películas nos evita el tremendo lío que sería tener que anotar todos los datos del cliente en el registro correspondiente a cada película que alquila.

Otro concepto fundamental en cuanto a bases de datos se refiere es el término "clave primaria" o "clave principal". Se trata de un campo especial que sirve para diferenciar de forma única e irrepetible cada uno de los registros de una base de datos. Siguiendo con nuestro ejemplo de las películas, puede darse el caso de que dos películas tengan el mismo título pero sean dos *filmes* distintos, rodados en años diferentes, con distinto director, *casting* propio, etc. Puesto que la clave principal nunca se repite, será este campo el que diferencie una película de la otra, a modo de identificador.

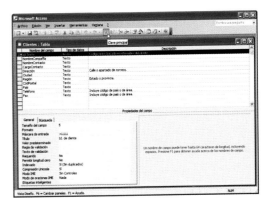

Igualmente, en la Tabla de clientes puede ocurrir que dos de ellos se llamen igual, en cuyo caso podemos diferenciarlos utilizando como clave principal, por ejemplo, su número de DNI.

Para acabar con la explicación de los conceptos generales de las bases de datos, decir que las "Consultas" son el tipo de acción más utilizada, pues consisten en la selec-

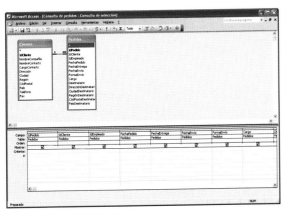

ción de un conjunto o grupo de registros los cuales cumplen una o varias condiciones determinadas. Saber realizar Consultas es imprescindible cuando se están manejando bases de datos que contienen grandes cantidades de información y la posibilidad de realizarlas es una de las más potentes funciones de una base de datos, puesto que de qué nos sirve una base de datos si no somos capaces de encontrar la información fácil y rápidamente.

Existen varios gestores de bases de datos como Lotus Approach, Corel Paradox, Oracle, MySQL... que son muy completos aunque quizás demasiado orientados al campo profesional. La base de datos más utilizada en la informática de usuario es, sin duda alguna, Microsoft Access, aunque si lo prefiere también puede optar por las funciones de base de datos de OpenOffice.org.

Microsoft Access 2003

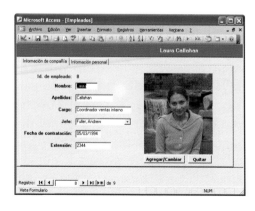

Access es una excelente aplicación para trabajar con bases de datos, incluso en el sector empresarial, pues es capaz de gestionar grandes volúmenes de datos y conectar remotamente con superordenadores que almacenan grandes repositorios de información. Pero en el sector doméstico también resulta una herramienta muy útil y además, fácil de comprender y de utilizar, si bien es cierto que no es precisamente la herramienta más conocida de Office por parte del usuario no experto.

Además de almacenar nuestros datos de forma ordenada en Tablas y realizar consultas para extraer datos, Access permite diseñar Formularios para que sus usuarios más experimentados puedan crear fácilmente herramientas que permitan a los usuarios más novatos utilizar la aplicación para introducir y modificar datos sin que sea necesario que aprendan a utilizar el programa.

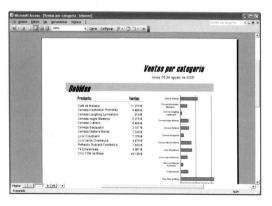

También podemos aprovechar los datos extraídos mediante una Consulta para realizar un Informe, presentando los mismos mediante un documento de aspecto muy profesional y especialmente preparado para su impresión. Pero también podemos utilizar un Informe para publicar en Internet parte de los datos de una Tabla o una Tabla completa, o también para enviarlo por correo electrónico.

Básicamente, existen dos métodos para crear bases de datos en Access: utilizar un Asistente o crear Tablas e introducir datos en ellas.

El Asistente para base de datos crea un panel de control que nos permite añadir fácilmente datos a las Tablas, ver los datos introducidos, y ejecutar informes. Después de ejecutar el asistente, podemos agregar objetos nuevos a la base de datos y adaptar a nuestras necesidades y gustos los objetos existentes.

El Asistente para tablas ayuda a crear una Tabla en una base de datos existente. Podemos elegir entre distintas plantillas una que se ajuste a la Tabla que queremos crear en la base de datos.

Bases de datos en OpenOffice.org

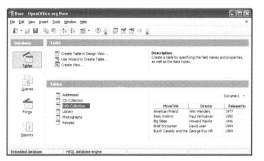

Como ya comentamos al hablar de Calc, las funciones para gestión de bases de datos están incluidas como orígenes o fuentes de datos en la Hoja de cálculo de OpenOffice.org.

No obstante, y conscientes de la necesidad de contar con una aplicación de este tipo en el paquete ofimático, los desarrolladores ya han anunciado que la versión beta ("de pruebas") de OpenOffice.org 2.0 incluye el programa Base para la creación, edición y manipulación de bases de datos.

Según el sitio Web oficial (http://www.openoffice.org), Base permitirá crear y modificar tablas, formularios, consultas e informes, tanto si se utiliza una base de datos propia como si se usa el motor de bases de datos HSQL que incorpora Base. Igualmente, Base ofrece Asistentes, Vistas de Diseño o Vistas SQL para principiantes, usuarios intermedios y usuarios avanzados.

Por tanto, hasta que la versión 2.0 definitiva de OpenOffice.org sea una realidad, por el momento si somos usuarios de este paquete ofimático deberemos conformarnos con la funcionalidad de bases de datos de Calc, con el cual podemos realizar las siguientes tareas:

- Crear nuevas tablas y editarlas.

- Crear y mantener índices de las tablas para acceder más rápido a los datos.

- Ver una tabla en una hoja de datos editables y añadir, cambiar o borrar registros.

- Utilizar el Piloto automático - Informe para crear informes a partir de los datos.

- Utilizar el Piloto automático - Formulario para crear aplicaciones de acceso instantáneo a datos.

- Ver subconjuntos de datos utilizando filtros simples (mediante un sólo clic) o complejos (consultas lógicas).

- Crear potentes consultas para mostrar los datos de diferentes formas, incluyendo sumarios y vistas multi-tabla.

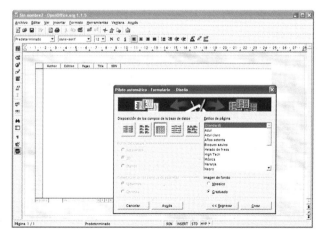

Agendas y organizadores

Amigos, clientes, familiares... ¿quién no necesita una agenda hoy en día? Existen muchísimas utilidades gratuitas en este campo, y además contamos con los calendarios y listas de contactos de algunos programas de correo electrónico, como Outlook Express (que se instala con el CD de Windows) o Outlook 2003 (que forma parte del paquete MS Office). Incluso los servicios gratuitos de correo Web, como Hotmail, ofrecen utilidades de agenda y calendario bastante completas que se pueden consultar directamente mediante el navegador, sin necesidad de instalarlas en nuestro ordenador y con la ventaja adicional de poder consultarlos allí donde estemos siempre y cuando dispongamos de conexión a Internet.

También existen programas capaces de sincronizar los contactos de nuestra agenda en el PC con los de la del PDA, de tal forma que siempre llevemos con nosotros una versión actualizada de nuestro listín telefónico, citas y reuniones. Es habitual que este tipo de programas sean proporcionados por el fabricante de los PDA, normalmente de forma gratuita y en el propio CD de instalación de los correspondientes controladores que permiten que nuestro PC detecte el dispositivo PDA.

 Las funciones básicas que suelen incluir este tipo de programas son la libreta de direcciones, el calendario, bloc de notas, gestión de tareas, avisos y recordatorios.

Una de las utilidades más destacadas de utilizar el mismo programa para almacenar nuestros contactos y para correo electrónico es ahorrar tiempo y esfuerzos guardando los datos de aquellas personas o empresas con quienes nos escribimos. También resulta muy útil poder agrupar varios contactos en una lista, lo cual nos permitirá enviar un mismo mensaje a un grupo de personas sin necesidad de tener que añadir sus *e-mail* uno por uno como destinatarios del mensaje; bastará con elegir el nombre de la lista como destinatario.

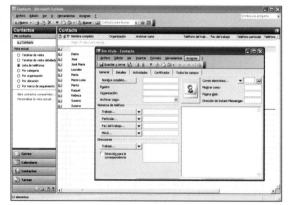

Paquetes integrados

Los paquetes integrados son conjuntos de utilidades que intentan satisfacer las necesidades básicas de ofimática (procesador de texto, agenda, hoja de cálculo, etc.). Estas necesidades han ido variando, ya que ahora, por ejemplo, todo lo relacionado con Internet, es básico.

La ventaja de estos conjuntos de programas es que todos se complementan y comparten utilidades comunes que permiten intercambiar documentos u otros recursos. Además, nos aseguramos de no tener problemas de compatibilidad entre distintas aplicaciones, ya que todas pertenecen al mismo equipo.

Entre las también llamadas suites de ofimática, podemos destacar SmartSuite de Lotus, WordPerfect Suite de Corel, Microsoft Office y OpenOffice.org.

© Copyright Microsoft Corporation.

Microsoft Office

Microsoft Office está formado por las aplicaciones de ofimática más usadas y se ha convertido en el paquete de aplicaciones más conocido. Las utilidades que lo forman son las que hemos visto en este capítulo: Word, Excel, PowerPoint y Access (también Outlook para correo electrónico y FrontPage para páginas Web y, en algunas versiones, otras utilidades).

© Copyright Microsoft Corporation.

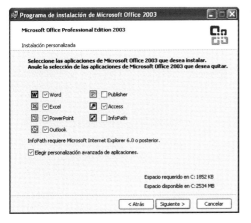

MS Office lleva ya muchos años y muchas versiones hasta convertirse en el conjunto de programas que cualquiera debe conocer, ya que se usan en la mayoría de los ordenadores tanto de sitios públicos como privados. Office 97, 2000, XP y ahora 2003, son diversas versiones con los programas también cada vez más mejorados.

También podemos adquirir la aplicación o aplicaciones que necesitemos, ya que se distribuyen por separado, aunque otra opción que tenemos es adquirirlas con todo el paquete, ya existen diferentes Ediciones con diferentes conjuntos de programas.

Actualmente, éstas son las Ediciones de Office 2003 que Microsoft distribuye en España:

- **Básica:** Word, Excel y Outlook.

- **Estándar:** Word, Excel, Outlook y PowerPoint.

- **Estudiantes y Profesores 2003:** Word, Excel, Outlook, PowerPoint y Access.

- **Pyme 2003:** Word, Excel, Outlook, PowerPoint, Business Contact Manager para Outlook y Publisher.

- **Professional 2003:** Word, Excel, Outlook, PowerPoint, Business Contact Manager, Publisher y Access.

- **Professional Enterprise 2003:** Word, Excel, Outlook, PowerPoint, Business Contact Manager, Publisher, Access e InfoPath.

Con Office podemos crear miles de tipos de documentos e intercambiarlos en cualquiera de sus aplicaciones. Podemos sacar un listado de una base de datos Access e importarla a Excel para luego crear un gráfico de barras que insertaríamos en un documento de Word. En teoría podríamos hacer esto con aplicaciones independientes también, pero siempre será más fácil con aplicaciones de un mismo conjunto integrado.

Office nos proporciona muchas otras ventajas, como bases de datos con imágenes, cliparts (dibujos), sistemas de búsqueda y ayuda muy completos, interacción total con la Red, etc.

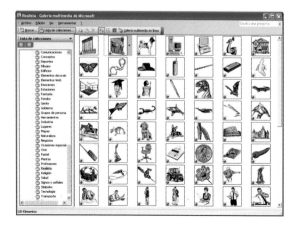

Quizás la más importante de las novedades de Office 2003 respecto a versiones anteriores sea el soporte de XML (*eXtensible Markup Language*, Lenguaje de Marcación Extensible) como formato nativo de documentos lo cual proporciona total compatibilidad en el intercambio de información entre aplicaciones y plataformas gracias a la utilización de un lenguaje de gran implantación a nivel mundial.

XML está certificado por el W3C (*World Wide Web Consortium*), la mayor autoridad en cuanto a normalización de tecnologías y lenguajes en Internet, como estándar de intercambio y catalogación de información.

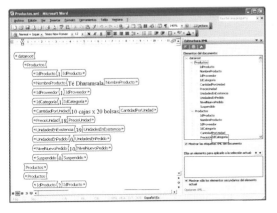

Desde que en 1998 XML fue admitido mundialmente como recomendación del Consorcio de la World Wide Web, el desarrollo de este lenguaje y los recursos invertidos en pro de su utilización han sido tales que, actualmente, casi cualquier software interpreta correctamente documentos XML. Esto es así especialmente cuando se trata de programas en los que el intercambio de información resulta vital.

Es más, si en los procesos están implicadas aplicaciones empresariales conectadas a bases de datos relacionales, la enorme compatibilidad multiplataforma de XML se convierte en un elemento estratégico, debido a que permite el intercambio de información dentro y fuera de la Compañía en un formato estándar que evita numerosas conversiones y exportaciones de los datos que posteriormente han de ser analizados. El enorme ahorro de tiempo y costes que esto supone convierte XML en herramienta básica dentro de flujos de trabajo e información eficientes.

En la nueva versión 2003, cada aplicación de Office es un editor XML lo cual, además de permitir que sus usuarios se beneficien de las muchas ventajas de este lenguaje, posibilita una mayor integración entre las propias aplicaciones que forman parte de la Suite ofimática.

Otra novedad interesante a tener en cuenta es el nuevo Panel para investigación, denominado Panel Tareas de Referencia. Mediante un panel lateral dentro de las propias aplicaciones de Office 2003 podemos interactuar con servicios y contenidos de Internet, mediante accesos directos a determinados recursos tanto gratuitos como de pago.

Es claro que la principal ventaja de esta nueva característica es poner la información de Internet a unos pocos clics de ratón y que el usuario disponga de la misma para incorporarla fácilmente en documentación propia creada con Office.

Y aunque sólo aparecen en las Ediciones de Office destinadas al sector profesional, merece la pena comentar brevemente que en esta versión 2003 el paquete ofimático de Microsoft nos ofrece dos nuevas aplicaciones: *Business Contact Manager* (BCM) e InfoPath.

BCM, siendo un añadido a las funciones de Outlook, proporciona herramientas de seguimiento de clientes y otros contactos profesionales, además de utilidades para la detección de nuevas oportunidades de negocio, lo cual puede ser de gran interés

para cualquier profesional cuyo trabajo requiera acciones de marketing, atención al cliente o cualquier otro tipo de relación con clientes y contactos. Esto puede suponer para las PYMES y profesionales independientes algo similar a una herramienta CRM (*Customer Relationship Management*, Gestión de la Relación con el Cliente) sin necesidad de tener que invertir en uno de los costosos sistemas de este tipo actualmente disponibles en el mercado.

© Copyright Microsoft Corporation.

InfoPath es una aplicación para el diseño de formularios dinámicos conectados con repositorios XML de tal forma que cualquier usuario pueda posteriormente rellenarlos. InfoPath está especialmente pensado para la realización de formularios de negocios y la recopilación de información, independientemente del área de la empresa y de los conocimientos que posea el usuario dentro de la organización.

© Copyright Microsoft Corporation.

OpenOffice.org

El proyecto OpenOffice.org tiene su origen en un paquete ofimático denominado StarOffice. En este proyecto de código abierto la empresa Sun Microsystems ofrece un completo paquete de software gratuito cuyo código fuente es, básicamente, el mismo del que procede StarOffice, paquete distribuido bajo licencia comercial y que ofrece características y ventajas no incluidas en OpenOffice.

Como ya hemos comentado, OpenOffice es un software libre, lo cual significa que su código fuente es público, que su descarga legal es gratuita y que no hay que pagar nada por instalar cuantas copias necesitemos en cuantos ordenadores queramos hacerlo.

Tampoco tiene coste alguno su actualización, y ni siquiera es necesario registrarse para poder utilizarlo. También significa que es un software en constante evolución, gracias a las mejoras realizadas por desarrolladores de todo el mundo que participan en el proyecto.

OpenOffice.org es también el nombre de la comunidad de usuarios y desarrolladores que a través de Internet gestiona el proyecto, publica noticias, documentación, tutoriales sobre determinadas características, proporciona la propia descarga del producto y sus actualizaciones, y básicamente sirve como medio de comunicación para todos aquellos que participan en el desarrollo de este paquete ofimático.

OpenOffice.org ofrece distintas versiones de su software para diversos sistemas operativos, entre ellos Windows, Mac OS y Linux, lo cual mejora la compatibilidad entre los usuarios de estos sistemas operativos a la hora de intercambiar documentos de texto, hojas de cálculo, presentaciones, etc.

Además, todos los formatos de archivo de OpenOffice están basados en el estándar XML, lo cual amplia aún más su compatibilidad. Mediante el XML, se puede acceder a la información contenida en los archivo de documento de OpenOffice.org, incluso aunque se utilice un software distinto al que generó el propio documento.

 La versión más reciente de OpenOffice en español para Windows es la 1.1.5, pero ya está disponible para descargar la beta de la versión 2.0. La disponibilidad de esta versión aún en pruebas tiene por objetivo, en parte, localizar el mayor número de posibles errores y mejoras antes de lanzar la versión definitiva.

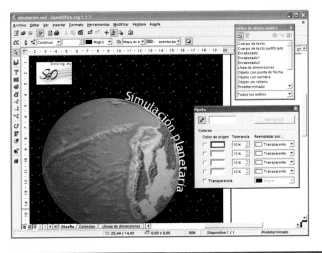
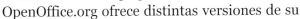

Además de los programas ya comentados para procesamiento de textos, hojas de cálculo, bases de datos y presentaciones, OpenOffice también incluye un módulo para edición de gráficos vectoriales (Draw) y un editor de fórmulas.

Virus y antivirus: definición

Cualquier ordenador es susceptible de ser atacado por un virus. No sólo a través de Internet, sino con cualquier programa o documento que introducimos en nuestro ordenador y que esté infectado.

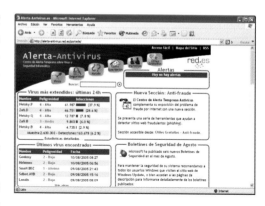

En esencia, los virus informáticos funcionan de forma muy similar a los virus humanos, igual que los antivirus podrían ser los remedios rápidos, aunque todavía no existen las vacunas. Los virus informáticos son creados por informáticos que pretenden simplemente llamar la atención o en el peor de los casos, hacer bastante daño y se pueden transmitir de unos documentos a otros, a través de sistemas infectados.

Estos informáticos suelen ser *hackers* o piratas informáticos, aunque su objetivo no suele ser la creación de virus, sino introducirse en complejos sistemas informáticos de entidades públicas o privadas.

Los virus son pequeños programas que se ejecutan de manera escondida (sin que nos demos cuenta) aunque también pueden estar en macros de otros documentos.

Las macros son subprogramas que realizan determinadas acciones dentro de documentos, por ejemplo, de Word o de Excel (las macros de aplicaciones Office son peligrosas porque la mayoría de los hackers tienen a Microsoft como su objetivo número uno).

Un antivirus es un programa de software cuya función fundamental consiste en localizar y eliminar virus informáticos en el sistema. Para ello analizan la memoria,

el disco duro y otras unidades de almacenamiento de datos del equipo en busca de archivos o acciones sospechosas. Podemos configurar estos programas para que periódicamente analicen el equipo, pero también para que estén alerta constantemente mientras navegamos, chateamos... Los efectos de un virus informático pueden ser realmente fatales, así que aquí viene al caso el famoso dicho: más vale prevenir... El antivirus es uno de los programas de los cuales nunca debe prescindir.

Tipos de virus

Existen varios tipos de virus según su nivel de peligrosidad, desde los inofensivos hasta los que nos pueden obligar a borrar todos los datos de nuestro ordenador e incluso pueden afectar seriamente al hardware.

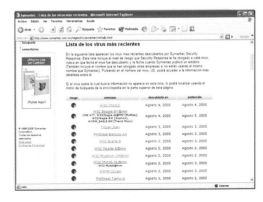

Pero también existe una clasificación de virus, según su forma de actuar:

- **Gusanos:** Son virus que se reproducen por sí mismos, llegando a ocupar grandes cantidades de memoria y disco duro, aunque no destruyen la información del sistema.

- **Bombas de relojería:** Este tipo de virus, que suelen ser muy dañinos, permanecen inactivos en el sistema o residentes en una aplicación y entran en acción en una fecha y hora determinada. Su peligro es muy alto, y si el ordenador afectado está conectado a una red, puede afectar a muchos ordenadores.

- **Troyanos:** Su nombre viene de la famosa leyenda griega, ya que este tipo de virus se ocultan bajo otra utilidad, es decir, utilizan un disfraz. Podemos creer que estamos utilizando por ejemplo una presentación, cuando en realidad estamos ejecutando un virus muy peligroso. Por eso debemos tener cuidado al lanzar aplicaciones cuyo origen no es conocido.

La clasificación más habitual es según el medio a través del que hacen su infección:

- **Virus de fichero:** Infectan programas mediante su fichero ejecutable (extensiones EXE o COM) y por tanto el virus se activa cuando se abre el programa.

- **Virus de _Boot_ o de Arranque:** No afectan a los ficheros ni a los datos mientas no se utilice el disco que los contiene para arrancar el ordenador. Si infectan el sector de arranque de un disco duro, intentarán extender la infección mediante cualquier unidad de almacenamiento que se introduzca en el ordenador.

- **Virus de Macro:** Son uno de los tipos de infección más famosos, debido a que las Macros se utilizan en los populares programas de MS Office.

El _Boot Sector_ o Sector de Arranque es una parte fundamental del disco (ya sea un disco extraíble o un disco duro). En el caso de un disco duro, el sector de arranque almacena un programa que posibilita arrancar el ordenador con ese disco. También guarda los archivos ocultos que sirven para iniciar el Sistema Operativo.

- **Virus de enlace o de directorio:** El sistema operativo asigna direcciones a los archivos para localizar información rápidamente dentro del marasmo de directorios o carpetas y ficheros en que se puede convertir un disco duro. Este tipo de virus altera esas direcciones para que apunten al virus en vez de al archivo que corresponda.

Antivirus

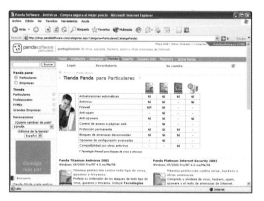

Los antivirus son el antídoto para estas enfermedades informáticas y siempre es recomendable tener uno instalado en nuestro ordenador. Los antivirus buscan en el sistema y destruyen todos los virus que encuentren y que tengan en una base de datos que debemos actualizar constantemente. Por eso es importante no sólo que el antivirus sea eficaz (la mayoría lo son) sino que además esté actualizado cada cierto tiempo, normalmente a través de Internet, ya que la aparición de nuevos virus es constante.

Los antivirus también pueden quedarse residentes en el sistema y así estar atentos a cualquier aplicación sospechosa que quiera acceder a memoria. Los antivirus pueden ser gratuitos o comerciales. Algunos antivirus de pago se suelen distribuir con una versión de prueba que caducará en una fecha determinada o que simplemente no se actualizará si no los adquirimos.

Algunos de estos antivirus son Antiviral Toolkit Pro, Panda Antivirus, Norton Antivirus o McAfee VirusScan. Además de la descarga del software previo pago, las páginas Web de la mayoría de estos antivirus ofrecen herramientas gratuitas para la localización y eliminación de virus, además de gran cantidad de información sobre las infecciones más peligrosas.

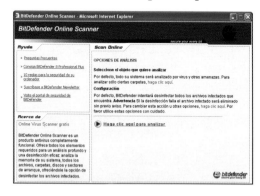

Igual que instalamos una aplicación en el sistema cuando lo necesitamos, podemos desinstalarla cuando sepamos que no vamos a utilizarla, ya sea por un desinstalador del sistema o del mismo programa, que limpiará tanto los archivos ejecutables como los archivos que el programa instala en el sistema (por ejemplo, las librerías).

Firewalls

Son herramientas de seguridad que protegen un sistema contra la penetración de personas o programas no autorizados, es decir, intrusos que pueden poner en peligro nuestro equipo y nuestra privacidad. Son utilidades de software prácticamente imprescindibles en los tiempos actuales, en los que la mayoría de los ordenadores están permanentemente conectados a Internet.

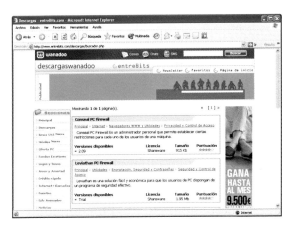

Como su propio nombre indica, se trata de un cortafuegos, que se coloca entre una red local (varios ordenadores conectados) e Internet, pues la Red es el medio de intrusión más utilizado.

Un ordenador individual, aunque no forme parte de una red, también puede ser protegido mediante un *firewall*.

Anti-spyware

Se trata también de un tipo de software de seguridad. Navegando por Internet, chateando o descargando programas puede ocurrir que, sin que nosotros notemos absolutamente nada, se introduzcan en nuestro ordenador "pequeños" programas intrusos cuyo objetivo es "espiarnos", es decir, obtener datos sobre nosotros y nuestras costumbres, normalmente con fines comerciales y publicitarios, aunque también pueden obtener datos privados y mucho más sensibles. Muchos de estos espías almacenan información sobre nuestro comportamiento mientras navegamos, es decir, qué páginas visitamos más a menudo, qué tipo de información consultamos,

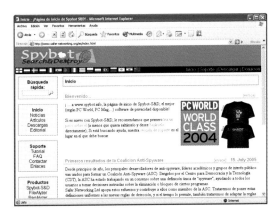

etc., simplemente para luego invadir nuestro correo electrónico con mensajes publicitarios sobre aquellas cosas que más nos gustan.

Las utilidades anti-spyware localizan y eliminan este tipo de intrusos.

En la categoría "Seguridad" de cualquier página Web de descarga de software podemos encontrar utilidades shareware y freeware para protegernos de estas y de otras muchas amenazas indeseables.

Compresión de datos

Muchas veces necesitamos transportar datos de unos ordenadores a otros o a través de Internet y para ello es casi imprescindible "empaquetarlos" para que ocupen menos espacio en disco o bien para meter muchos archivos en uno solo.

Los programas de compresión utilizan complejas fórmulas para conseguir que un archivo necesite menos sitio en disco. El grado de compresión depende también del tipo de archivo, ya que hay algunos formatos que ya de por sí están comprimidos (por ejemplo, los archivos de música Mp3).

Éstos son algunos de los formatos y programas de compresión más conocidos:

- **ZIP:** Durante mucho tiempo, ha sido el estándar de compresión en los ordenadores PC. El programa que los administra es Winzip, aunque existen otras muchas aplicaciones que pueden manejarlos. GZ o GZIP es el equivalente para UNIX.

- **RAR:** Otro sistema de compresión muy conocido. Winrar es el programa comercial para Windows, aunque existen versiones de prueba.

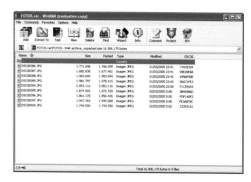

- **ARC:** Se trata de un antiguo sistema, pero que todavía se usa. El programa adecuado es Stuffit Expander para Windows y ARCMac para Macintosh.

- **HQX:** Se utiliza para comprimir archivos en Mac.

- **TAR:** Es de Linux y también es compatible con PC. Aunque se utiliza para agrupar archivos, en realidad no comprime.

Grabación de CD y DVD

La grabación de CD, y ahora también de DVD, se ha convertido en uno de los recursos que más se aprovechan en un ordenador.

Existen varios factores a la hora de elegir un buen programa de grabación:

• Su facilidad de uso: Debe ser sencillo grabar cualquier tipo de CD si es una tarea que realizamos con asiduidad.

• Completo: A veces esto no es compatible con el punto anterior, ya que puede haber multitud de opciones. Podemos hacer una compilación (grabar desde varios sitios), grabar una imagen (el contenido de un CD se pasa a un archivo), crear CD de vídeo en varios formatos (VCD, por ejemplo), que sea compatible con CD-RW o multisesión (podemos grabar varias veces en el mismo CD), etc.

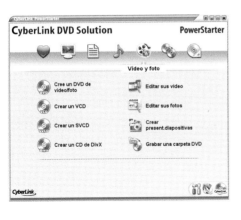

• Que aproveche la velocidad máxima de la grabadora.

• Debe ser sencillo crear un CD de música, ya sea a partir de otros compactos o a partir de archivos mp3.

• Cada vez más, se pide que pueda grabar DVD, sobre todo según las grabadoras de DVD reducen su coste y vienen de serie en los ordenadores nuevos.

Podemos encontrar miles de programas de grabación y de todos los precios. Éstos son algunos de los programas comerciales más conocidos: Ahead Nero, Alcohol 120%, Easy CD Creator, Ciberlink Power2Go, CloneCD (ideal para grabar de un CD a otro). Además, también se comercializan completísimos paquetes de software de grabación que hacen casi de todo, como Ciberlink Power DVD o Easy Media Creator.

Programas infantiles

Los programas educativos para niños son una de las mejores formas de acercar la informática a los más pequeños de la casa. La educación es un asunto muy importante y los ordenadores pueden ayudarnos a enseñar muchas ideas gracias al atractivo de lo multimedia.

A través de personajes conocidos (de Walt Disney o Barrio Sésamo, por ejemplo) o simplemente con la interacción, los niños pueden llegar a divertirse aprendiendo y, de paso, aprenden a manejar un ordenador.

Existen miles de títulos de varios precios y también gratuitos. También hay colecciones específicas que de vez en cuando lanzan al mercado títulos nuevos. Por ejemplo, Zeta Multimedia (www.zetamultimedia.es) que tiene títulos como "Juega con las ¡Ciencias!" o "Mi increíble Cuerpo Humano", otras como puede ser el caso de Mattel Interactive (www.mattelinteractive. com) con programas con los personajes de Barrio Sésamo o Lodisoft (www. lodisoft.com) con aplicaciones dedicadas a la ortografía o a la anatomía del cuerpo humano.

Enciclopedias interactivas

Una enciclopedia interactiva es uno de los mejores inventos que podemos encontrar hoy en día. Aunque las enciclopedias clásicas seguirán existiendo siempre, las versiones para ordenador son mucho más prácticas, ya que ofrecen muchas más posibilidades y la búsqueda es mucho más rápida y sencilla.

Gracias a las nuevas tecnologías de audio y vídeo, estas nuevas enciclopedias digitales no se centran simplemente en texto e imágenes, también podemos ver una animación sobre el Desembarco de Normandía, escuchar una canción de los Beatles o ver un vídeo sobre la caída del Muro de Berlín.

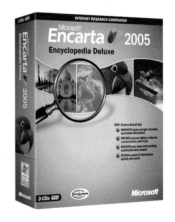

Al igual que con los diccionarios enciclopédicos interactivos, la búsqueda en este tipo de aplicaciones es muy rápida, a no ser que la distribución sea de varios CD (esto cambia con el DVD-ROM). Las enciclopedias para ordenador clásicas son: Enciclopedia Micronet (www.Micronet.es), Microsoft Encarta o la Enciclopedia de Planeta Multimedia.

Idiomas

Los programas interactivos para aprender idiomas (sobre todo inglés) son una opción muy buena si no tenemos tiempo de ir a una academia.

Gracias a nuevas utilidades como el reconocimiento de voz, este tipo de programas se convierten en auténticos tutores que además de enseñarnos, pueden corregirnos e incluso ponernos nota.

Las mejores aplicaciones para la enseñanza de idiomas son: Talk now! (de Softvision), Idiomas sin Fronteras (de Zeta Multimedia), Tell me More (de Lodisoft) o Do English (de Anaya Interactiva). Algo que debemos tener en cuenta, es que este tipo de programas se distribuyen en diferentes niveles, por lo que deberemos tener en cuenta nuestros conocimientos.

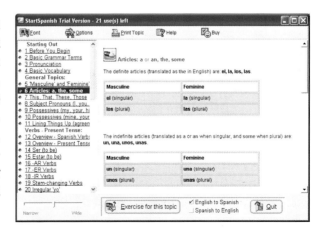

Capítulo 4
Diseño y
multimedia

Tipos de gráficos e imágenes digitales

Desde los nuevos monitores y escáneres, hasta el software especializado en diseño gráfico, los nuevos artistas de la imagen, expertos o no, disponen de todos los instrumentos para plasmar en documentos digitales todo lo que puedan imaginar.

El diseño gráfico permite una representación más cercana a la realidad, pero también permite pasar directamente esa realidad a nuestro ordenador, a través de la digitalización y esa nueva realidad digitalizada la podemos retocar a nuestro antojo. Existen muchísimas aplicaciones software en este nuevo campo de la creación visual, cada una con sus peculiaridades, pero antes de entrar en detalle es necesario conocer algunos conceptos. En primer lugar, hablaremos de los tipos de gráficos e imágenes digitales (para simplificar, hablaremos de imágenes digitales, incluyendo en este concepto también los gráficos).

Al igual que cualquier tipo de información, las imágenes digitales se almacenan en archivos. Cada tipo de imagen digital va asociada a un archivo con una determinada extensión, y se suele hablar de "formatos gráficos" pues la elección de una determinada extensión va siempre condicionada a las características de cada imagen.

Existen muchos tipos de formatos gráficos, dependiendo de la aplicación que utilicemos o del sistema de compresión. Cada formato, comprime la imagen con un algoritmo determinado, que luego puede ser leído únicamente por ese programa o por otros, dependiendo de su compatibilidad.

Cada tipo de formato es adecuado, dependiendo de su calidad y del tamaño, para un determinado campo: diseño Web, fotografía digital, impresión, etc. Éstos son algunos de los más importantes:

- **JPEG o JPG:** es quizás el formato más conocido. Es un formato de información con pérdida, es decir, comprime mucho la imagen pero pierde calidad (aunque esto puede configurarse y así obtener diferentes calidades). Aun así, es uno de los formatos más utilizados por el poco espacio que ocupa. Resulta especialmente adecuado para fotografía digital.

- **GIF:** GIF son las iniciales de *Graphic Interchange Format* (Formato de Intercambio de Gráficos). Se trata de un sistema de compresión que evita la pérdida de calidad aparentando más tonos de color. El GIF es un formato fabuloso para logotipos, pequeños dibujos e ilustraciones sencillas y, además se pueden guardar en este formato animaciones sencillas formadas por la sucesión de varias imágenes.

Tanto JPEG como GIF y otro formato que es PNG, se utilizan en Diseño Web ya que son los formatos gráficos que ocupan menos espacio en disco.

- **TIFF:** Son las iniciales de *Tag Image File Format* o formato de archivo etiquetado. Este formato es de uso más profesional, ya que la calidad es muy buena pero el tamaño de sus archivos es también muy alto.

- **EPS:** *Encapsuled PostScript*, PostScript encapsulado. Es un formato muy adecuado para exportar a cualquier máquina de impresión, y por tanto muy utilizado también en el campo del diseño gráfico profesional.

Los píxeles y la resolución

La unidad mínima para cualquier representación gráfica son los píxeles que contienen el tono que luego formará el mosaico de la imagen. Son como bombillas que, además de poder iluminarse o no, pueden tener distintos colores. El número de colores por píxel depende del número de bits por píxel.

Para una reproducción en blanco y negro, necesitaríamos un solo bit por píxel: blanco/encendido, negro/apagado ($2^1 = 2$ tonos). Por otro lado, ocho bits por píxel pueden dar: 2 elevado a 8 = 256 tonos, suficientes para lograr una buena calidad de imagen.

Sin embargo, no todas las imágenes digitales están formadas por píxeles, y es aquí cuando se hace necesaria la distinción entre imágenes y gráficos, concretamente, entre imágenes de mapa de bits y gráficos vectoriales. Para diferenciar estos dos tipos básicos de imagen digital introduciremos un concepto nuevo: la resolución. "La resolución" indica el número de píxels que contiene una pulgada y se mide en una unidad denominada ppp (píxels por pulgada) o ppi (*píxels per inch*). La resolución nos proporciona información sobre la calidad de la imagen. A mayor resolución, mayor calidad de imagen. La mayoría de los monitores tienen una resolución de 72 ppp, con lo cual cualquier imagen cuyo fin sea ser vista en un monitor deberá tener esa misma resolución (si tiene menos resolución se apreciará pixelada, es decir, se verá más la cuadrícula de píxels que la forma u objeto representado en la imagen. Por el contrario, una imagen cuyo fin sea el papel deberá tener mayor resolución, al menos 150 ppp, aunque lo ideal es una resolución de 300 ppp.

- **Las imágenes de mapa de bits** son una especie de "tarta" de píxeles. La imagen está compuesta por un determinado número de píxeles cuyo tamaño es relativo, como en una tarta en la que el tamaño de una porción depende del tamaño de la tarta completa. Así, el tamaño de cada píxel depende del número total de píxeles de la imagen y de su resolución. Si ampliamos mucho un mapa de bits podemos ver sus píxeles formando una cuadrícula. Además, cada píxel puede almacenar una determinada cantidad

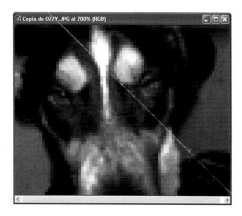

de información (color, tono, matiz...). Esa información se almacena en bits y el número máximo de bits por píxel se denomina mediante el término "profundidad de color". Hay que tener cuidado cuando se trabaja con mapas de bits, porque su dependencia de la resolución puede ocasionar que se pierda calidad al modificar su tamaño (sobre todo si tratamos de agrandar la imagen).

- **Los gráficos vectoriales**, en cambio, no dependen de la resolución de la imagen. Son imágenes generadas a partir de fórmulas matemáticas que definen la longitud, posición y demás características de las líneas (vectores). Puesto que no dependen de la resolución, podemos hacerlos más grandes o más pequeños sin miedo a que el gráfico pierda calidad. Por tanto, son muy útiles para imágenes que deban ser cambiadas de tamaño frecuentemente para ser reproducidas

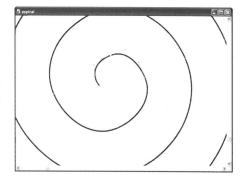

en distintos medios. Por ejemplo, el logotipo de una empresa, que puede ser reproducido en una tarjeta de presentación, en un documento tamaño folio, en un cartel, o en una página Web.

Utilización del color

Básicamente existen dos sistemas de color:

- **RGB** (*Red, Green, Blue*), es decir, rojo, verde y azul son los colores primarios o aditivos, es decir, los que se consiguen cuando descomponemos la luz que emite la pantalla del monitor, y de los que luego salen el resto de colores al mezclarlos.

- **CMYK** (Cian, Magenta, Amarillo y Negro) que son los colores sustractivos y que se utilizan, por ejemplo, para la impresora, porque es color aplicado. La suma de todos los colores básicos formaría el negro.

En nuestro ordenador podemos definir colores variando otros valores como la luminosidad, el tono o el brillo. Pero el mayor problema es cómo denominar cada uno de estos colores, ya que en cada sitio, un cian puede ser de una manera distinta. Por eso, algunas organizaciones o empresas como PANTONE se han dedicado a clasificar todos los colores y darles una etiqueta, que sirve para unificar criterios en el campo del Diseño.

Tipografía: el uso de las fuentes

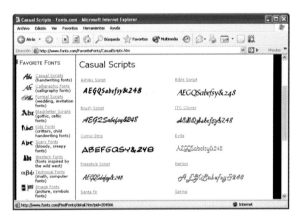

El texto puede considerarse también como un elemento muy importante en el diseño gráfico si tenemos en cuenta la cantidad de variaciones que pueden tener los tipos de letra. La oferta tipográfica, las bibliotecas con juegos de caracteres, son cada vez más abundantes y más accesibles e incluso existen muchas aplicaciones que nos permiten crear nuestras propias fuentes.

Cada tipografía engloba todos los caracteres del alfabeto, junto con los símbolos más importantes, con unas características similares, que dan al final un aspecto muy similar a toda la familia de caracteres. Estas características suelen medirse con mucha precisión, aunque las más importantes son el ancho, la altura, el tronco del carácter (el cuerpo) o las astas ascendentes y descendentes (los "palitos" y los "rabitos"). Además de estas medidas, también hay que tener en cuenta la separación entre caracteres, los tipos de alineación y los de párrafo (la separación entre líneas).

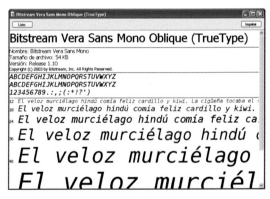

Básicamente, existen dos tipos de formatos de fuentes, el formato PostScript creado por Adobe y el formato TrueType, desarrollado por Apple y Microsoft.

Adobe Illustrator

Tradicionalmente, Illustrator siempre ha sido un programa dedicado a la creación de ilustraciones y gráficos cuyo destino son los medios impresos: libros, revistas, periódicos, carteles, publicidad... Pero progresivamente, según han ido avanzando sus versiones, se ha puesto al día y en su última versión, Illustrator CS2, está preparado para producir material creativo también para otros medios, como el vídeo, la 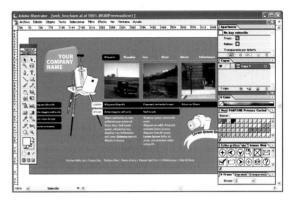 Web y dispositivos móviles (teléfonos y PDA).

Illustrator trabaja con gráficos vectoriales, aunque también es posible importar mapas de bits para utilizarlos tal cual en nuestros trabajos, e incluso transformarlos a formato vectorial. La transformación de mapas de bits a gráficos vectoriales es una función muy demandada, debido a la gran utilidad que proporciona poder manejar vectorialmente cualquier dibujo o imagen escaneada, y ha sido una de las herramientas que más ha mejorado en los últimos años.

Macromedia Freehand

Hasta hace poco Freehand, el programa de gráficos vectoriales de Macromedia, le hacía la competencia a Illustrator; pero esto ya está empezando a cambiar y es presumible que cambiará aún más, pues ambas compañías, Adobe y Macromedia, se aliaron en Abril de 2005.

Freehand también trabaja con gráficos vectoriales y por tanto el destino de los trabajos con él realizados también es, normalmente, los medios impresos, pero cuenta con una interesante ventaja que lo diferencia de Illustrator y lo reorienta como herramienta multimedia: una gran compatibilidad con otro famoso software de Macromedia, Flash, potente aplicación para crear animaciones interactivas y publicarlas en Internet.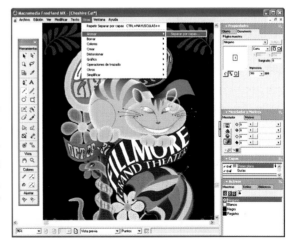

Adobe Photoshop

Cada vez es más sencillo tratar imágenes digitalizadas por medio de programas de retoque fotográfico. Bien por un escáner, una cámara digital o adquiriendo fotografías en bases de datos de imágenes, el retoque digital se ha convertido en una forma bastante divertida de cambiar la realidad capturada por una fotografía.

Sin lugar a dudas, Photoshop es el programa más famoso y ampliamente utilizado para trabajar con imágenes de mapa de bits. Es el estándar de la industria y líder indiscutible, y hay motivos más que sobrados para afirmarlo.

Es una aplicación muy completa y con avanzadas herramientas para retoque fotográfico, pero va mucho más allá. En ocasiones parece hacer "magia". Y no es para menos, pues proporciona utilidades potentes pero también sencillas de utilizar, utilidades capaces de realizar "mágicas" combinaciones de imágenes... sólo hay que conocer algunas técnicas y dejar volar la imaginación. Se pueden realizar montajes fabulosos y transformaciones muy interesantes.

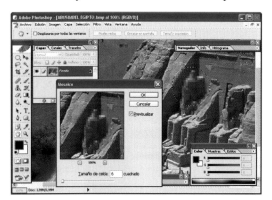

La cada vez mayor popularización de la fotografía digital hace que hoy día casi cualquier usuario desee dar algunos retoques a sus fotos favoritas. Esto, en cierto modo, ha animado a Adobe a ofrecer una solución al alcance de los usuarios más noveles, y por eso desde hace años comercializa una versión del programa denominada Photoshop Elements, con herramientas si cabe casi tan potentes como las de la versión profesional (Photoshop CS2), pero cuyo uso es mucho más sencillo porque están adaptadas a las capacidades y necesidades del usuario doméstico. Igualmente, su precio se adapta al mercado de software de consumo (Photoshop CS2 es un programa de elevado coste).

Las herramientas y utilidades de Photoshop CS2 son innumerables, por tanto, nos quedaremos con la idea de que es posible hacer casi cualquier cosa en lo que a fotografía digital se refiere. No obstante, utilizando esta aplicación también podemos editar, transforma y optimizar fotos, gráficos, iconos... todo tipo de material gráfico cuyo destino sea una página Web.

Adobe PageMaker

La maquetación consiste en "diseñar páginas": páginas de un libro, de una revista, un catálogo... Es decir, colocar texto, imágenes y gráficos formando una estructura visual lógica y adecuada al tipo concreto de publicación de que se trate. Además, al maquetar preparamos un documento de múltiples páginas para su publicación en el soporte que corresponda, que normalmente es el papel.

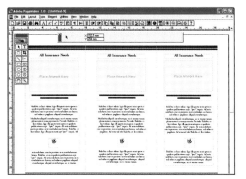

Adobe PageMaker es uno de los programas de maquetación más fáciles de aprender a utilizar. Lo cual no quiere decir que sea un programa poco profesional, ni muchísimo menos, pues con él podemos diseñar libros enteros con un aspecto excelente. PageMaker es un programa muy utilizado en el sector Editorial, y claro está incluye herramientas especializadas para necesidades propias de este sector, como la creación de índices y tablas de contenido. No obstante, también puede ser de utilidad a cualquier usuario que quiera, por ejemplo, presentar un dossier de documentación muy extenso y con abundantes ilustraciones.

QuarkXPress

Quark es el programa de maquetación líder en el sector Editorial y lo utilizan grandes periódicos, Editoriales, agencias de publicidad, imprentas... Esto da cuenta de su gran fiabilidad como herramienta de maquetación en proyectos muy complejos.
No sólo es una de las aplicaciones más veteranas en este sector, además es una de las más completas y potentes. Durante décadas ha sido un programa específico para los Mac, pues esta plataforma siempre ha sido la más utilizada en la industria gráfica desde hace muchos años. No obstante, hace tiempo que también funciona en Windows.

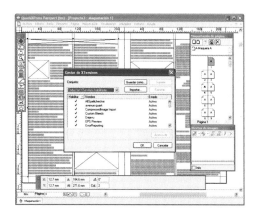

Una de las funciones más características de Quark es la capacidad de personalizarlo mediante Extensiones (*XTensions*), módulos de software que se pueden incorporar al programa para añadirle determinadas funciones, por ejemplo, automatizar procesos o simplificar tareas repetitivas.

Maya

Cada vez se usan técnicas más avanzadas para crear gráficos en tres dimensiones que intentan imitar la realidad. Para diseñar formas y figuras en tres dimensiones (3D) se dibujan miles de polígonos que forman una figura más compleja, luego se le aplica una textura que es como definir el material de la forma (madera, piedra o piel, por ejemplo) y luego se añaden las luces necesarias para conseguir el efecto deseado.

A estas figuras se les puede añadir escenarios e incluso movimiento, que por supuesto intenta imitar también a la propia naturaleza, y cada vez mejor.

La mayoría de estos programas de diseño y animación en 3D son de uso profesional y requieren ordenadores muy potentes para poder calcular rápidamente todos estos datos.

Uno de los más famosos programas para animación 3D es Maya, desarrollado por la empresa Alias|Wavefront, y ganador de un premio OSCAR en el año 2002. Maya sirve para modelaje 3D, animación y creación de efectos o acabados fotorrealísticos,

pero también para dar calidad y realismo a gráficos 2D (dos dimensiones) y para diseñar páginas Web.

Enemigo a las Puertas, El Señor de los Anillos, La Momia, Yo, Robot, Spiderman y Star Wars son algunos de los títulos más famosos en cuya producción visual ha sido utilizado Maya.

© Copyright Cinergi interactive LLC.

3ds max

Otro programa líder entre las aplicaciones de animación de personajes en tres dimensiones es 3ds max, desarrollado por Discreet (aunque la empresa fue adquirida en 1999 por Autodesk, destacado desarrollador de software para CAD). Se trata de una aplicación muy avanzada, tanto que tiene su propio lenguaje de programación, denominado *Maxscript Scripting Language*.

El Último Samurai, X-MEN, Catwoman, La Tormenta Perfecta y El Día de Mañana son algunas películas famosas en las cuales se ha utilizado 3ds max. También ha sido utilizado para crear el famoso videojuego Unreal Tournament.

© Copyright Autodesk, Inc.

AutoCAD

El CAD (*Computer Aided Design*) o diseño asistido por ordenador son las herramientas que permiten a los usuarios utilizar la informática para la Arquitectura y para el diseño de cualquier estructura. El CAD abarca un primer diseño en 2D (dos dimensiones) que podrían ser planos y su posterior paso a las tres dimensiones, que daría un mayor acercamiento a la realidad.

Pero el CAD no sirve solamente para diseñar edificios. También lo utilizan los diseñadores industriales para crear piezas o elementos de uso común como muebles o herramientas. Y decimos crear porque podemos diseñar una pieza con tal precisión en sus medidas desde nuestro ordenador, que pasarla a la realidad será lo más sencillo.

El programa de CAD más potente y difundido es AutoCAD, de la empresa Autodesk, que dispone de diferentes versiones según la utilidad que queramos darle. Por ejemplo, AutoCAD Mechanical está especialmente pensado para crear diseños mecánicos 2D. Básicamente, las funciones generales de AutoCAD son el dibujo, el despiece, documentación de diseño en 2D, y diseño básico en 3D.

© Copyright EmiCAD®.

En su última versión, AutoCAD 2006, se han mejorado las herramientas de dibujo y anotación; pero la principal mejora que ha experimentado este programa en los últimos años ha sido la reducción, a casi la mitad, del tamaño de los archivos que genera.

Además, consciente de que el gran tamaño de los archivos siempre constituye un problema a la hora de compartir diseños creados con AutoCAD, Autodesk ha creado un nuevo formato de archivo, el DWF (*Design Web Format*). Es un formato de archivo gratuito que cualquiera puede abrir con sólo instalar una pequeña aplicación denominada *Autodesk DWF Viewer* (también gratuita), y permite exportar diseños complejos en 2D y 3D generando archivos de pequeño tamaño que se pueden compartir de forma segura a través de medios tales como Internet y el correo electrónicos, tan necesarios actualmente en cualquier equipo de trabajo.

Macromedia Flash

La tecnología Flash de Macromedia ha revolucionado Internet de tal forma que en unos años ha pasado de ser una aplicación para diseñar animaciones en 2D para la Web a convertirse en una auténtica plataforma para desarrollo de contenido dinámico y aplicaciones capaces de funcionar en distintos navegadores, plataformas y dispositivos (Windows, Macintosh, Linux, PDA y hasta en teléfonos móviles).

Además de su facilidad de uso, las animaciones realizadas en Flash ocupan muy poco espacio, por lo que se abren rápidamente en cualquier página Web. Para poder visualizar estas animaciones, que en realidad son como dibujos animados, nuestro navegador debe disponer del *plug-in* (un pequeño módulo de software) adecuado; lo proporciona gratuitamente la propia Macromedia y se llama *Flash Player*.

El uso de Flash es muy intuitivo. Primero vamos realizando dibujos, como en cualquier otro programa gráfico o utilizamos otros que tengamos, importándolos desde cualquier formato gráfico. Estos dibujos se van transformando en escenas de nuestra película, cuando las vamos guardando como fotogramas, ya sea modificando nosotros mismos cada escena o utilizando movimientos o transiciones que nos proporciona el programa, ya sean de texto o de figuras.

Con Flash también podemos enriquecer las animaciones con sonidos y música, incluso con vídeo.

Además, para los usuarios más avanzados Flash proporciona su propio lenguaje de programación: ActionScript. Puede parecer que se trata de un programa complejo por la gran cantidad de utilidades que nos ofrece, y así es si hablamos de la versión avanzada, Flash Professional. Pero también es una aplicación al alcance del usuario no experto, y para él está especialmente indicada su versión Flash Basic, con el cual se pueden diseñar fácilmente animaciones sencillas basadas tanto en gráficos vectoriales como en mapas de bits (pueden combinarse ambos tipos en un mismo trabajo).

DivX y Vídeo digital

Con el auge de las cámaras digitales, cada vez son mayores las posibilidades para conectar nuestra cámara de vídeo con el ordenador. Editando nuestros vídeos domésticos, podemos crear efectos especiales, añadir sonidos y música, introducir títulos y mejorar la imagen. Existen varias aplicaciones específicas para la edición de vídeo digital, desde las diseñadas para expertos, como Adobe Premiere, hasta otras de uso más "casero", como Windows Movie Maker.

Compresión de vídeo: DivX

Se trata de un sistema de compresión que con una pérdida mínima de calidad de imagen, permite tener vídeos de gran calidad en archivos pequeños, lo que hace de él un soporte ideal para Internet, que es donde más se ha difundido este formato de vídeo comprimido. Existen programas que ayudan a pasar nuestras películas en DVD a formato DivX y su uso para hacer copias de seguridad de nuestras películas es totalmente lícito.

La tecnología DivX evoluciona continuamente, por lo que siempre debemos estar actualizados (normalmente por Internet) de las últimas versiones de DivX. Son los denominados *códecs* que deberemos renovar constantemente si queremos visualizar un vídeo comprimido con una nueva versión de DivX. Estos códecs son módulos de software que COdifican y DECodifican el vídeo.

Formatos de vídeo

Al igual que cualquier otro tipo de información, el vídeo digital se almacena en archivos con una determinada extensión. Éstos son los formatos de vídeo digital más importantes:

- **MPEG:** Es uno de los formatos más difundidos. Algunas de sus versiones (existen varias) han facilitado la creación de numerosos formatos como los famosos VideoCD (MPEG-1) o SVCD (MPEG-2) compatibles con la mayoría de los reproductores DVD, e incluso el mismo formato de las películas DVD está basado en MPEG. Los archivos MPG o MPEG pueden ser leídos por la mayoría de los reproductores, como el Windows Media Player de Microsoft.

- **AVI:** O *Audio Video Interleave*. Es el formato más extendido y compatible con la mayoría de los reproductores. Fue creado por Microsoft.

- **MOV:** Formato creado por Apple y cuya reproducción es exclusiva de su programa Quicktime.
- **RM:** Formato creado por la compañía Real Networks y es el que más se utiliza para reproducir vídeo por Internet. Es lo que se conoce por *streaming* que son archivos de música o vídeo que se encuentran en Internet (físicamente están en otro ordenador), pero nosotros podemos reproducirlo en tiempo real, gracias a programas como Real Vídeo que se conectan a ese lugar donde está el archivo de vídeo.

Mp3 y otros formatos de audio

Mp3 es un formato de audio digital que ha revolucionado tanto Internet, como el mundo de la música. Se trata de un sistema que comprime pistas de CD audio o cualquier otra señal sonora, en archivos de muy poco tamaño y con una gran calidad. La clave es un algoritmo muy complicado que elimina el sonido que el oído humano no percibe. La principal finalidad de todo esto es la posibilidad de enviar y recibir archivos Mp3 a través de Internet. Una canción puede ocupar unos 6 Mb.

El intercambio de este tipo de archivos es perseguido por las compañías de discos, aunque con bastantes dificultades, ya que se aprovechan muchos vacíos legales, de los que las grandes multinacionales no logran ningún beneficio. De todas formas, la producción de archivos Mp3 a partir de discos adquiridos en las tiendas y para consumo doméstico no infringe ninguna ley, aunque ya sabemos que todo esto es bastante relativo.

La mayoría de los programas que reproducen archivos Mp3 son gratuitos, al menos en su versión básica. Los más populares son Windows Media Player, el reproductor de Microsoft que acompaña al sistema operativo Windows, WinAmp (www.winamp.com) o MusicMatch (www.musicmatch.com).

Aunque Mp3 es el formato más popular y más extendido, existen otros formatos para los archivos de audio. Windows siempre ha utilizado el formato Wav, pero cada vez se usa menos porque ocupa mucho espacio en disco. Otro formato muy popular en Internet es RA (RealAudio) de la compañía Real. Tanto RA como Mp3 tienen una característica común y es que se pueden escuchar en Internet sin descargar el archivo, mediante *streaming*. El WMA es otro formato creado por Microsoft que comprime aún más la música, pero al contrario que el Mp3, al pertenecer a una marca comercial, se debe pagar por su uso.

HTML

El *Hipertext Markup Languaje,* o Lenguaje de Marcación de Hipertexto es el lenguaje básico de Internet. HTML utiliza etiquetas para estructurar el contenido de los documentos separando e identificando los elementos que forman ese contenido. HTML, además, le indica al navegador el aspecto de cada elemento según el tipo de etiqueta que se haya utilizado. Veámoslo con un ejemplo; este sería el código de una página Web básica formada por un título, un párrafo de texto y una imagen:

```
<html><head><title>Esto es una página Web sencilla
   </  title></head>
    <body><h1>Esto es el título</h1>
       <img src="http://www33.brinkster.com/sgo2/images/
       logosilvia.gif"
      width="127" height="77" align="left">
        <p>Esto es un párrafo de texto<br> formado por
          varias líneas.<br>
        En el párrafo hemos<br>utilizado varios saltos de
          línea.</p>
   </body>
 </html>
```

Algunas etiquetas son dobles, como la etiqueta <html>, que indica el principio del archivo, acompañada de su correspondiente etiqueta </html>, que indica el final del mismo. Lo mismo ocurre con <p> y </p>, que delimitan respectivamente el principio y el final del párrafo. HTML sigue todo el rato esta estructura, pero

puede llegar a complicarse bastante según se añaden especificaciones concretas (atributos) dentro de cada etiqueta, para así ir personalizando el aspecto de la página.

Microsoft FrontPage

Los editores de páginas Web, como FrontPage, al principio (cuando la Web era, básicamente, texto) surgieron como una forma cómoda de editar código HTML obteniendo al mismo tiempo una vista previa de cómo quedaría en el navegador. Pero según Internet fue evolucionando las páginas Web se han convertido en documentos multimedia complejos. Esto ha hecho de editores como FrontPage avanza-

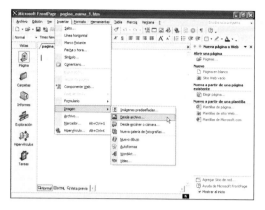

das herramientas de autoría Web, pues ofrece montones de funciones para diseñar y administrar sitios Web completos. Y si uno no lo desea, no es necesario aprender una sola línea de código HTML para realizar excelentes trabajos.

Crear una página Web desde cero con FrontPage es coser y cantar. Su interfaz es muy similar a la de cualquier aplicación de Office y los menús son muy similares. Una de las opciones más interesantes son los Temas, plantillas preinstaladas en el programa con las que podemos crear páginas con un diseño definido a través de sencillos asistentes.

Macromedia Dreamweaver

Macromedia Dreamweaver es la aplicación de creación de páginas Web que se usa más entre profesionales de Internet y diseñadores gráficos. Se trata, por lo tanto, de una aplicación más compleja pero con muchas más utilidades, por eso cada vez más usuarios no profesionales se deciden a utilizar algún tiempo en aprender a utilizarlo correctamente. El punto fuerte de Dreamweaver quizás sea que forma un buen equipo con otras aplicaciones de Macromedia para el diseño Web, como

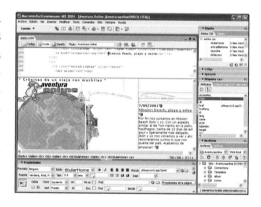

Flash y Fireworks, por lo que en las últimas versiones también se distribuye como paquete de utilidades dentro del denominado Macromedia Studio.

Esa integración con Fireworks y Flash permite, sin salir del propio Dreamweaver, diseñar menús dinámicos impactantes, optimizar y recortar imágenes y gráficos, insertar botones animados... Para hacer todo esto no es necesario saber programar DHTML (HTML dinámico) ni ActionScript (el lenguaje de programación de Flash), lo cual permite a los diseñadores crear fabulosas páginas interactivas fácilmente.

Otra característica distintiva de Dreamweaver son las herramientas visuales que proporciona para crear páginas Web conectadas a bases de datos, esto es, páginas que se actualizan dinámicamente sirviendo información que está guardada en una base de datos, como por ejemplo los catálogos de las tiendas virtuales, que tienen un diseño básico de página que luego es completado con la información y las fotos de los productos que forman el catálogo.

Pero si algo distingue verdaderamente a Dreamweaver del resto de aplicaciones para diseñar páginas Web es la capacidad de personalizar el propio programa según nuestras necesidades concretas mediante la instalación de Extensiones, módulos de software creados por empresas y desarrolladores de todo el mundo que añaden todo tipo de nuevas funcionalidades al programa. Existen miles de ellas y muchas se pueden descargar gratuitamente desde la página Web de Macromedia.

Macromedia Fireworks

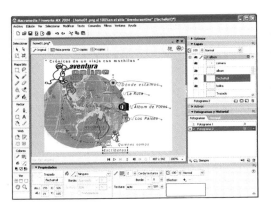

Fireworks es un programa especialmente indicado para crear todo tipo de gráficos para páginas Web. No sólo podemos editar imágenes de mapa de bits para recortarlas y optimizarlas de forma adecuada, sino que también podemos crear animaciones sencillas formadas por la sucesión temporal de distintas imágenes. Es más, con Fireworks se puede diseñar el "escenario" gráfico completo de un sitio Web, incluyendo menús dinámicos, texto, fotos, logotipos, dibujos... y combinando gráficos vectoriales y mapas de bits. Con lo cual pueden crearse páginas completas y guardar tanto los archivos HTML como las imágenes de cada página (si se desea todas juntas en una misma carpeta). Por el contrario, si sólo se crean gráficos concretos, pueden guardarse como imagen e insertarlos en páginas creadas en Dreamweaver. El flujo de trabajo con imágenes utilizando ambas aplicaciones es rápido y eficiente.

Fireworks utiliza un tipo de formato gráfico especial denominado PNG (*Portable Network Graphics*) que permite crear gráficos de buena calidad sin pérdida de calidad y en archivos de pequeño tamaño, pues utiliza un algoritmo de compresión sin pérdida. Los gráficos PNG pueden llevar transparencias, degradados y muchos más matices de color que los gráficos GIF, pues almacenan imágenes con una mayor profundidad de color (mayor cantidad de bits por píxel).

Para entender las animaciones por *frames* de Fireworks piense en esos cuadernos de juegos para niños en los que una misma figura aparece en cada página del cuaderno en una posición distinta, de tal forma que si pasamos rápidamente las hojas del mismo la figura parece moverse. Pues bien, las hojas del cuaderno en movimiento representan la animación, y cada hoja representa cada uno de los *frames* que la forman.

Capítulo 5
Redes locales

Qué es y para qué sirve una red

Una red de ordenadores es un conjunto de equipos interconectados. Además de ordenadores, se pueden conectar en red impresoras y otros periféricos. El objetivo de las Redes locales o LAN (*Local Area Network*, Red de Área Local) es que varios ordenadores personales compartan información y recursos, es decir, mejoren su productividad. Hace unos años, estas redes se utilizaban porque los ordenadores eran grandes y muy caros, y en muchas organizaciones o empresas sólo disponían de un ordenador con capacidad de procesar datos, mientras que el resto eran terminales de consulta que manejaban los usuarios. En la actualidad cualquier microordenador puede trabajar por sí solo, pero también tiene capacidad para comunicarse con otros ordenadores y por lo tanto para transmitir información.

Podemos compartirlo todo, tanto el hardware como el software y los datos, desde un archivo de vídeo, hasta utilizar una sola impresora o una unidad CD-ROM para varios ordenadores.

Las redes locales están físicamente cerca, es decir, todos los ordenadores están conectados mediante cables. Pueden abarcar todos los ordenadores de una o varias habitaciones, una o varias plantas o incluso todos los equipos de un edificio.

Por regla general, existe un ordenador *Servidor* que proporciona los servicios y controla la red formada por el resto de terminales (los *Clientes*); aunque también existen redes que no requieren de un servidor.

La red debe poder recibir solicitudes de acceso a ella por parte de los nodos, que son cada uno de los ordenadores conectados a la red, y ha de poder satisfacer cada una de las solicitudes simultáneas de sus servicios. Cuando un ordenador se conecta a la red, ésta debe tener un método para contestar a ese ordenador o nodo exclusivamente y que el mensaje no aparezca en el monitor de otro. Si la red tiene muchos ordenadores, estos problemas de comunicación se multiplican, por lo que se utilizan diferentes configuraciones y/o subdivisiones de red.

Tipos de redes locales

Si tenemos en cuenta su distribución lógica, existen, básicamente, dos tipos de redes (o arquitecturas de red básicas):

- **Redes basadas en servidor:** Utilizan la estructura Servidor-Cliente, un equipo (el servidor) proporciona el servicio, mientras que los demás hacen uso del mismo (los clientes). Por ejemplo, Internet utiliza redes basadas en servidor para los servidores de páginas Web: las páginas están almacenadas en un ordenador remoto, a pesar de lo cual podemos verlas en el monitor de nuestro ordenador.

- **Redes P2P (*Peer to Peer*) o entre iguales:** No existe una máquina que funcione como servidor. Son las más utilizadas en el entorno doméstico, pues sólo se necesita que cada equipo tenga una tarjeta de red, y a través de ellas conectarlos utilizando un cable cruzado. Además tienen la ventaja de que si uno de los ordenadores que forman la red no está activo, eso no impide que el resto de los ordenadores de la red sigan intercambiando recursos.

 Si, en cambio, lo que tenemos en cuenta es la topología de la red, es decir, la forma en que se distribuyen y conectan los cables y otros componentes de la red, entonces nos encontramos con muchos tipos de redes. Aquí solamente hablaremos de redes Ethernet, que es el tipo de LAN más común actualmente.

Cableado

Los cables que se utilizan en las LAN suelen ser cable coaxial y cable telefónico.

- **Conexión con cable coaxial fino:** La tarjeta de red debe tener un puerto o entrada formado por un conector hembra de tipo BNC, que son idénticos a los empleados en antenas de televisión.

- **Cable telefónico:** Los conectores (clavijas en cada extremo del cable) ahora son del tipo RJ45 que son parecidos a los que se utilizan para cualquier teléfono fijo (RJ11). A este tipo de cables, por asimilación a su función, se les suele llamar "cable de red" y diciendo esto mismo podemos comprarlos en cualquier tienda de informática, e incluso en algunos supermercados y grandes superficies. Es el cable más utilizado para redes locales.

Tarjeta de red

Todos los ordenadores de una red deben tener instalada una
tarjeta de red para poder comunicarse entre sí. Estas tarjetas,
que normalmente van pinchadas en un *slot* PCI de la placa
base, habilitan en el ordenador uno o varios puertos de comunicaciones, ya sea mediante conexiones RJ45 para cable
telefónico (para trenzado de cobre) o conexiones de tipo
BNC para cable coaxial fino.

Sin embargo, como las conexiones mediante cable
RJ45 son las más habituales, cada vez más modelos de
tarjetas de red se comercializan sólo con este tipo de puerto.
Para los ordenadores portátiles, en caso de que no lleven tarjeta de red interna,
deberemos adquirir una tarjeta de red PCMCIA.

Hub y Switch

Un *Hub* es un concentrador de conexiones que permite centralizar todo el cableado
de la red y así facilitar su instalación. Existen algunos tipos de red local, en la que los
ordenadores se conectan en serie, uno detrás de otro, así que para que los datos
pasen de un ordenador a otro se debe pasar por todos los que hay en el medio. Se

© Copyright Dell Inc.

trata de una topología de red en "Bus".
El *Hub* permite otro tipo de red, ya que todos
los ordenadores se conectan a él, y éste controla desde dónde vienen los datos y hacia dónde
quieren ir. Un *Hub* también puede controlar a
otros *Hub* que estén controlando otras redes.
De esta forma montamos lo que hemos denominado una topología de red en "Estrella".

Un *Switch* (interruptor o conmutador) es otro dispositivo que se utiliza en las redes,
cuya función consiste en interconectar una red con otra. Se utilizan sobre todo con
redes de cierto número de ordenadores, pues cuando se trata de muchos equipos
suele resultar conveniente "segmentar" la red, es decir, subdividirla. Por ejemplo, la
red local de una empresa podemos segmentarla por departamentos (un segmento
para Administración, otro para Dirección...). Si hacemos esto, deberemos instalar
uno o varios *Switch* para interconectar la subred de cada departamento con el
resto de subredes de la empresa. Además, los *Switch* también gestionan el tráfico de
datos.

Módem

Como ya debemos saber, nuestro ordenador sólo puede entender señales digitales, ceros y unos. El sistema telefónico sin embargo es analógico, es decir, creado antes de que existieran los dispositivos electrónicos digitales, y está diseñado para transmitir la voz humana.

El módem es un puente entre las señales analógicas de la línea telefónica y las señales digitales que transmite el ordenador. El módem convierte, tanto las señales analógicas en digitales para que las procese el ordenador, como las digitales en analógicas para transmitirlas por las líneas de teléfono. Esto es la base de las comunicaciones y de Internet, ya que la mayoría de los ordenadores se conectan entre sí a través de la línea telefónica y por lo tanto necesitan un módem y acceso a la red telefónica.

© Copyright U.S. Robotics.

Los módem pueden ser internos (se instalan dentro de la CPU) o externos. Su principal característica es la velocidad por la que transmiten los datos y que se mide en Kbps (Kilobytes por segundo). Los módem más básicos alcanzan sobre la línea de teléfono una velocidad de hasta 56 Kbps, pero hay otros tipos de módem mucho más rápidos. Los módem RDSI se conectan a las líneas RDSI (Red Digital de Servicios Integrados) y alcanzan velocidades de transmisión mucho más altas (128 Kbps) y los módem ADSL o DSL utilizan una tecnología que permite conectarse a la red telefónica y hablar por teléfono al mismo tiempo, además de conseguir las velocidades de conexión más altas (actualmente en España se ofrecen conexiones DSL para usuarios domésticos de hasta 4 Mbps o Megabytes por segundo). Estos módem dividen la conexión telefónica que tenemos en nuestra casa u oficina, en un canal para voz (para hablar por el teléfono) y una canal para datos (para conectarnos a Internet).

Router

El *router* (enrutador o encaminador) es un dispositivo que, como su propio nombre indica, coloca en ruta los datos (en paquetes) que se envían hacia otros ordenadores que están en otro segmento de red o en otra red. Por tanto, sirven para interconectar segmentos de red o redes completas, pero hacen mucho más que esto: optimizan la conexión pues eligen la mejor ruta a través de la red.

Para ello utilizan protocolos de red, los cuales les permiten compartir información para poder "decidir" cuál es la mejor ruta para enviar o recibir la información en cada momento.

> Un protocolo de red o protocolo de comunicaciones es un conjunto estandarizado de reglas que sirven para controlar el tráfico de información entre distintos equipos o dispositivos de red. El más famoso es TCP/IP, el protocolo que se utiliza en Internet.

Ventajas de una LAN doméstica

Hoy día todos somos conscientes de la importancia de las redes de ordenadores. Internet se ha popularizado lo suficiente como para que sea algo cotidiano para la mayoría de la gente, abarcando cada vez más usuarios de todas las edades. Pero es posible que se pregunte qué ventajas puede proporcionar el tener una red LAN en casa.

Cada vez es más usual que haya varios ordenadores en un mismo domicilio: su equipo de sobremesa, su portátil (o el que le presta su empresa), el ordenador que utilizan los niños para jugar... Pero aunque sólo tenga dos ordenadores, las dos ventajas más importantes son compartir la conexión a Internet y compartir la impresora. Y seguramente, esto evitará muchas "peleas", sobre todo en cuanto a la conexión a Internet se refiere.

Si además se trata de un aficionado a los juegos, su LAN doméstica le permitirá disfrutar de sus juegos favoritos en familia o reunir a sus amigos para echar unas partidas. Es tal el auge de los juegos en red, que actualmente casi todos los juegos ofrecen fantásticas posibilidades para jugar tanto entre los ordenadores de una red y, al mismo tiempo, con cualquier jugador del mundo a través de Internet.

Otra ventaja a tener en cuenta es la seguridad: si configuramos la red utilizando la arquitectura servidor-cliente, podemos proteger a todos los equipos instalando software de seguridad (por ejemplo, un *firewall*) sólo en el equipo que actúa como servidor (aunque es recomendable instalar antivirus en todos los ordenadores).

Wi-Fi

Mejorando la comodidad, cada vez más se están imponiendo las redes que no necesitan ningún tipo de cableado. Este tipo de redes permiten una mayor movilidad de las unidades y son más fáciles no sólo de instalar, sino también de manejar. Además su uso puede coexistir con redes de cables ya existentes.

Wi-Fi significa *Wireless Fidelity* y está basado en un conjunto de estándares denominado IEEE 802.11, del cual existen dos variantes, cada una de las cuales opera a una velocidad distinta: el 802.11b, a 11 Mbps, y el 802.11g, a 54 Mbps. No obstante, esta velocidad puede variar según la cantidad de usuarios conectados simultáneamente y según la calidad de la señal. Además de conectarnos a una LAN inalámbrica, utilizando Wi-Fi podemos conectarnos a Internet. Ya se comercializan *router* domésticos de bajo coste que nos permiten ambas cosas.

© Copyright Dell Inc.

Las redes Wi-Fi cubren distancias cortas, unos 100 a 300 metros aproximadamente, pero este es también un rango teórico, pues los obstáculos interfieren en la línea de visión necesaria para que la señal llegue con claridad. En espacios abiertos, diáfanos y sin obstáculos la distancia puede aumentar considerablemente.

© Copyright Fincom Poland Sp. z o.o.

La principal desventaja de este tipo de redes sin cables es la falta de seguridad. Allí donde haya una red de este tipo, cualquier ordenador con el hardware adecuado (una tarjeta WLAN a modo de receptor de la señal inalámbrica) puede conectarse. No obstante, existen métodos de encriptación de la señal que tratan de solventar este problema; son más fiables, pero no son infalibles.

© Copyright NETGEAR™.

Nota

El éxito de Wi-Fi es tal que ya muchos equipos vienen con tecnología *Wireless LAN* (WLAN) integrada en la placa base, sobre todo los nuevos ordenadores portátiles. Otra prueba del éxito de estas redes inalámbricas es que cada vez más lugares públicos (universidades, hoteles, hospitales...) ofrecen como servicio conexión a Internet mediante Wi-Fi.

Bluetooth

Este tipo de conexión inalámbrica utiliza radiofrecuencia y se utiliza más como método de conexión entre distintos dispositivos (ordenador, portátil, teléfono móvil, PDA, impresora...) debido a que es un método de conexión de muy corto alcance, unos 10 metros. Por tanto, su objetivo es más la conexión y sincronización de nuestros dispositivos electrónicos entre sí, y cada vez más aparatos incluyen tecnología *Bluetooth*. Recientemente, esta tecnología de transmisión inalámbrica de voz y datos se ha popularizado mucho debido a su inclusión en la mayoría de los nuevos teléfonos 3G.

 Aunque no se trata de una conexión inalámbrica para redes LAN, incluimos aquí esta breve definición de *Bluetooth* a modo de "cultura informática".

Seguridad en redes LAN

Una red LAN en sí misma no es insegura, pues en principio se trata de un ámbito de comunicación cerrado. Sin embargo, la seguridad se convierte en prioritaria si recordamos que una de las principales ventajas de una red LAN es compartir la conexión a Internet.

A la hora de tomar medidas de seguridad en una LAN hay que tener muy en cuenta la topología de la red y, sobre todo, cuáles pueden ser los puntos más vulnerables. Si utilizamos la arquitectura Servidor-Cliente, será el equipo que funciona como Servidor aquél que debamos proteger con más cuidado, pues cuando se comparte una conexión a Internet es el Servidor quien proporciona el acceso a la Web. Los ordenadores Clientes solicitan al Servidor las páginas Web que desean, y es el Servidor quien accede a Internet en busca de la información solicitada, para posteriormente entregarla al Cliente que la haya solicitado. Para conseguir esto suele ser suficiente con instalar en el Servidor un programa denominado *Proxy*. Aunque existen muchas utilidades y aplicaciones para seguridad de redes, el programa más importante y eficiente es el *Firewall* o cortafuegos (del cual ya hablamos anteriormente). Por tanto, deberemos instalar un *Firewall* en el Servidor. Dependiendo del tamaño de la red, del modo en que se utilice y de lo importante que sea la información que se comparte mediante la LAN, deberemos elegir un *Firewall* que cubra nuestras necesidades. Los *Firewall* empresariales pueden llegar a ser programas muy complejos y caros, mientras que para casa podemos utilizar *Firewall* personales que son gratuitos. También existen programas antivirus que llevan incorporada la funcionalidad básica de un cortafuegos personal.

Capítulo 6
Internet

Un poco de historia sobre Internet

El origen de Internet es un proyecto militar del Departamento de Defensa de los Estados Unidos denominado ARPANET (*Advanced Research Projects Agency Network*, Red de la Agencia de Proyectos de Investigación Avanzados). A finales de los años 60, en plena Guerra Fría, el Departamento de Defensa se dio cuenta de lo vulnerable que resultaba para la transmisión de información la red telefónica (la destrucción de la conexión entre dos centrales telefónicas importantes podía tener como consecuencia dejar sin telecomunicaciones a medio país), y encargó a la agencia ARPA el desarrollo de una tecnología más segura para redes de comunicaciones, de tal forma que la inactividad de parte de la red no impidiera que la información llegase a su destino.

Así se inventó la tecnología de "conmutación de paquetes" que es la base de Internet y de su protocolo básico, IP (*Internet Protocol*): la información se divide en porciones denominadas paquetes, cada uno de los cuales además contiene información para que cada paquete pueda moverse por la red de forma independiente; si parte de la red queda destruida, los paquetes son redirigidos utilizando rutas alternativas con el objetivo de que lleguen a su destino.

Aunque Internet nació como un proyecto militar, su verdadera difusión vino gracias a las Universidades y a las investigaciones para mejorar la comunicación entre todos los profesores y científicos. Primero fue en Estados Unidos a finales de los años 80, cuando la NSF (*National Science Fundation*, Fundación Nacional de Ciencias) creó su NSFNET basada en el protocolo IP de ARPANET; pero más tarde la red se amplió por toda la comunidad científica internacional.

Gracias a los avances de la tecnología, las redes de diferentes Universidades y centros de investigación comenzaron a interconectarse unas con otras y poco a poco Internet se fue creando y desarrollando sin que nadie lo dirigiera. La interconexión de redes se desarrolló gracias a que en 1974 los investigadores Robert Kahn y Vinton G. Cerf presentaron su invento: el protocolo TCP/IP (*Transmision Control Protocol/Internet Protocol*). Kahn y Cerf llevaban algún tiempo trabajando para la DARPA (nuevo nombre de la agencia ARPA) en un proyecto de investigación para interconexión de redes denominado *Internetting*. Con el tiempo y el uso el nombre se fue simplificando hasta quedarse simplemente en *Internet*.

World Wide Web (WWW)

Las famosas WWW significan *World Wide Web* o Telaraña Mundial, y es lo que de forma simplificada conocemos como la Web, aunque muchas personas identifican equivocadamente Internet y la Web como una misma cosa. Simplificando mucho, podemos decir que la Web es parte de Internet. Por tanto, cuando coloquialmente se dice que se está "navegando por Internet", lo que hacemos es navegar por la *World Wide Web*.

Para consultar información en la Web es necesario disponer de dos elementos: conexión con Internet y tener instalado en el PC un navegador. Los más utilizados son Microsoft Internet Explorer, Opera, FireFox, y Netscape.

El correo electrónico

El *e-mail* es uno de los servicios cuya utilidad ha revolucionado el mundo de las telecomunicaciones y que más ha contribuido al desarrollo y popularización de Internet. Gracias al correo electrónico ya no tenemos que esperar días a recibir una carta. Los mensajes se intercambian a través de Internet rápidamente y, apenas unos segundos después de enviarlo, el destinatario del mismo recibe su mensaje. Otra ventaja muy destacada del correo electrónico es junto a nuestros mensajes (básicamente de texto) podemos insertar imágenes y enviar archivos adjuntos. Por ejemplo, junto a nuestros comentarios sobre nuestro último viaje podemos incluir fotos realizadas en el mismo y un archivo de vídeo con una pequeña grabación de nuestros momentos favoritos.

FTP

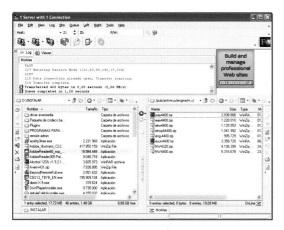

Cuando los archivos que deseamos enviar son de gran tamaño, el correo electrónico no es el medio más idóneo. Las cuentas de correo electrónico tienen un límite y si enviamos un archivo muy grande podemos llegar a bloquearlas o colapsarlas. Para la transmisión a través de Internet de archivos voluminosos el servicio más adecuado es el FTP (*File Transfer Protocol*, Protocolo de Transferencia de Archivos). En el funcionamiento del FTP intervienen dos partes: el servidor y el cliente. Cuando somos nosotros quienes "subimos" (enviamos) los archivos, el Servidor es el ordenador destino de los archivos, y nosotros somos el cliente. La transferencia de ficheros se realiza a través de un programa de software instalado en nuestro ordenador, el cual nos proporciona una interfaz sencilla para realizar esta tarea. Pero además de enviar archivos a un Servidor de FTP, también podemos descargarlos del mismo. En este caso, el Servidor es el ordenador remoto en el cual están los archivos que deseamos descargar, y nuevamente nosotros somos el cliente, utilizando nuevamente el programa de FTP.

Servicios de News

Los News son grupos de discusión sobre un determinado tema, que puede ir desde fútbol hasta Literatura polaca del siglo XIX. Los grupos de discusión los puede crear cualquiera, pero se mantienen gracias a la colaboración de todos los que se apuntan a ese grupo, expresando sus opiniones en una especie de tablón de anuncios, en el que los mensajes también pueden ser contestados. Los inscritos también reciben un boletín de noticias con novedades y opi-

niones de todos (debe existir una coordinación, que suele llevar la misma persona que creó el grupo). Se crean en sitios Web dedicados a ellos; el más conocido es el del buscador Google, que podemos encontrar en www.groups.google.com.

Conexión telefónica

La velocidad de conexión es un factor muy importante (quizás el más importante) y que todavía preocupa a muchos usuarios de Internet que sufren conexiones lentas. Como veremos ahora, existen varias formas de conectarnos a la Red con nuestro ordenador y cada una de ellas se caracteriza por disfrutar de una velocidad determinada. Esta velocidad se mide en Kbps, kilobytes por segundo que se pueden llegar a transmitir. Una conexión lenta, por ejemplo 33 Kbps, obtendrá los datos de Internet (por ejemplo, las imágenes de una página Web) mucho más despacio, por lo que lo más seguro es que perdamos mucho tiempo delante del ordenador esperando.

En condiciones normales, la comunicación entre los nodos de Internet es muy rápida, por lo que lo que verdaderamente notamos es esa descarga de datos en nuestra computadora. Si además de páginas Web, descargamos datos más pesados, como audio o vídeo, la velocidad de la conexión es determinante.

Aunque depende del tipo de módem, la conexión convencional a través de la línea telefónica suele ser de unos 56 Kbps. Actualmente, las conexiones a Internet por vía telefónica resultan demasiado lentas, sobre todo teniendo en cuenta el tipo de contenidos multimedia que habitualmente encontramos hoy día en casi cualquier página Web. Por ejemplo, descargar un *trailer* de una película de unos minutos de duración puede llevar horas y, por supuesto, mejor ni siquiera intente disfrutar de contenidos en *streaming*, porque lo más seguro es que si, con suerte y mucha paciencia, consigue escuchar o ver algo, será con cortes constantes y "a saltos".

Por todo ello, en estos momentos este tipo de conexiones suelen ser o gratuitas o muy baratas. Si son gratuitas, no deberemos pagar por tener el servicio de conexión a Internet, sino solamente las llamadas realizadas. Otra opción consiste en utilizar una "tarifa plana", de tal forma que no pagamos las llamadas sino una determinada cuota por el servicio de conexión.

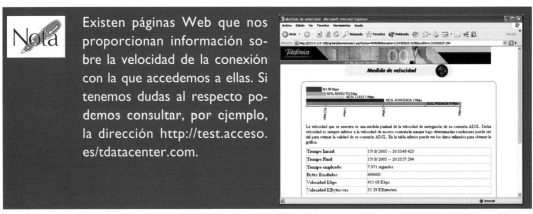

Nota

Existen páginas Web que nos proporcionan información sobre la velocidad de la conexión con la que accedemos a ellas. Si tenemos dudas al respecto podemos consultar, por ejemplo, la dirección http://test.acceso.es/tdatacenter.com.

ADSL

ADSL significa *Asymmetrical Digital Suscriber Line* (Línea de Abonado Digital Asimétrica) y es una tecnología que habilita un servicio digital de transmisión de datos sobre el par trenzado de cobre o cable telefónico. Se trata de una tecnología asimétrica, es decir, la velocidad de bajada de datos es distinta (y superior) a la velocidad de subida de datos.

La tecnología ADSL permite conexiones mucho más rápidas que las que podemos realizar con un módem, pero además una de sus principales ventajas es que aprovecha la infraestructura de la línea telefónica que tienen la mayoría de los hogares. A través de microfiltros o de un *splitter* (discriminador), se separa la línea de voz y la línea de datos, para así evitar que se produzca ningún tipo de interferencias.

El hardware necesario para disfrutar de una conexión ADSL es una tarjeta de red, un módem especial para ADSL (o un *router*), y o bien microfiltros o bien un *splitter*. Los microfiltros se instalan en las rosetas (conexiones telefónicas situadas en la pared) en las cuales deseemos utilizar un teléfono. Sin embargo, existen circunstancias en las cuales estos microfiltros no funcionan, y es cuando previamente se ha instalado en la misma línea una centralita telefónica o una alarma de seguridad. En estos casos, será necesario solicitar también la instalación de un *splitter*.

© Copyright Keith A. Michal (www.homephonewiring.com).

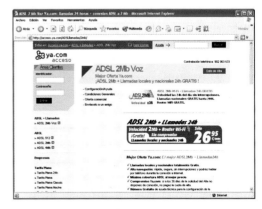

Actualmente el precio de estas conexiones resulta muy competitivo, entre 20 y 40 euros (dependiendo de la velocidad que contratemos), aunque estos precios del servicio en España son superiores a los de otros países europeos, y sería deseable abaratarlos para equipararlos a los de países como Francia o Alemania.

Además, los proveedores de Internet suelen proporcionar todo el hardware necesario cuando contratamos el servicio, y en estos momentos son numerosas las ofertas que incluyen un kit de conexión con *router* Wi-Fi. Lo que se paga es una cuota única mensual por la prestación del servicio.

A la hora de contratar una conexión ADSL debemos tener en cuenta que la velocidad que anuncian los proveedores se refiere a la velocidad de bajada de datos, y que la velocidad de subida es siempre menor (normalmente, justo la mitad).

Otra ventaja es que siempre podemos estar conectados, por lo que los servicios basados en ADSL están teniendo una demanda cada vez mayor. Además, podemos disfrutar de la conexión a Internet al mismo tiempo que hablamos por teléfono, lo cual no era posible con las conexiones telefónicas convencionales.

Y, aunque son muchas las ventajas, eso no quiere decir que no existan inconvenientes: para funcionar correctamente el ADSL las líneas telefónicas deben cumplir unos mínimos de calidad y una distancia determinada a la central telefónica más cercana, lo cual quiere decir que en una misma línea en la que el servicio telefónico funciona perfectamente, puede ocurrir que el ADSL no funcione. Sobre todo, las líneas telefónicas más antiguas y deterioradas suelen dar muchos problemas de cortes e inestabilidad en la prestación del servicio.

Cable

El cable de fibra óptica es una de las opciones para ocio digital más completas. En realidad se trata de una opción muy buena, que puede conseguir velocidades de conexión muy altas. Aunque requiere una inversión muy alta (el cable tiene que estar presente físicamente) y por eso todavía hay muchos lugares donde no llega la cobertura de las operadoras.

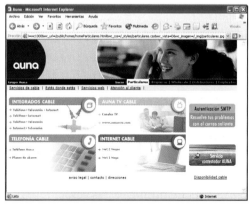

Allí donde si pueden proporcionar servicio, ofrecen a sus clientes paquetes integrados de ocio multimedia y telecomunicaciones, los cuales incluyen servicios de Internet a alta velocidad, teléfono y televisión digital a precios muy competitivos.

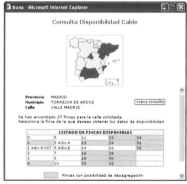

Para conectarnos a través del cable necesitamos un dispositivo denominado cable módem que nos permita utilizar la misma infraestructura que la televisión por cable (y algunas operadoras de cable ya ofrecen kit de conexión que incluyen *router* Wi-Fi que funcionan con este tipo de conexiones).

Satélite

Los satélites de comunicación son, desde hace bastante tiempo, un elemento indispensable en plataformas como la televisión, en las que las emisiones vía satélite han permitido que las noticias y eventos lleguen a todos los rincones del planeta en cuestión de segundos. Sin embargo, su aplicación para otros servicios como Internet, está condicionada por el alto coste, aunque sus ventajas son muy grandes.

Aparte de su gran tasa de velocidad en la conexión, la mayor ventaja de acceder a Internet a través de satélite es la posibilidad de conectarnos en cualquier punto del planeta. Existen muchos lugares en los que no llega ni siquiera el teléfono y la única posibilidad de acceder a la Red es a través de sistemas inalámbricos como el satélite.

Aunque la inversión a realizar por parte de la empresa que presta el servicio es muy importante, una vez existe esta infraestructura los proveedores ofrecen precios bastante buenos para contratar la conexión por satélite, fundamentalmente para dar servicio a aquellos clientes que no tienen cobertura ADSL y por tanto no pueden disfrutar de banda ancha por línea telefónica.

Algunos proveedores que ofrecen el servicio a través del satélite ASTRA, para proporcionar este tipo de conexión combinan la tecnología de conexión por satélite (módem de acceso satelital y antena parabólica) con una conexión convencional

por línea telefónica (vía módem) para conectar al usuario con un servidor *proxy* ASTRA NET que captura las solicitudes del cliente y encamina la respuesta por el canal de retorno vía satélite, en tiempo real, permitiendo la transmisión de banda ancha de los datos directamente al PC, donde serán recibidos a través del módem satelital (DVB) conectado a la antena parabólica. Esto es así porque la conexión vía satélite que proporcionan es unidireccional, es decir, solamente en la bajada de datos se ofrece banda ancha vía satélite. No obstante, también existen módems satelitales bidireccionales, capaces tanto de enviar como de recibir datos.

Navegadores

Anteriormente comentamos algunos conceptos básicos sobre la Web que ahora vamos a ver con mayor detalle.

El funcionamiento de Internet se podría comparar al del cuerpo humano. Igual que nuestro cuerpo se compone de millones de células que se renuevan constantemente, Internet se mantiene y crece, absorbiendo las "moléculas" que forman los ordenadores y las pequeñas redes que éstos forman y que van tejiendo la gran Red.

Cada uno de estos ordenadores tiene una dirección única, que es su identificación. Si nosotros vemos las direcciones de Internet (URL, *Uniform Resource Locator* o Localizador Uniforme de Recursos) con un nombre de usuario y dominio (pepe.es), el ordenador no las ve así, sino como un conjunto de números divididos en grupos de cuatro y con valores que oscilan entre 0 y 255 (por ejemplo, 231.0.40.251). Son las direcciones IP. La traducción de la correspondencia entre "pepe.es" y 231.0.40.251 la lleva a cabo el DNS (*Domain Name System* o Sistema de Nombre de Dominios).

Veamos un ejemplo de URL y sus elementos más destacados:

```
http://www.icann.org/tr/spanish.html
```

- **http:** Es el protocolo de la Web, y da igual escribirlo en mayúsculas que en minúsculas, http siempre debe ir seguido de los signos "dos puntos" (:) y "doble barra" (//). Significa *Hipertext Transfer Protocol*. Actualmente, en la mayoría de navegadores se identifica automáticamente el protocolo, con lo cual podemos empezar a escribir la dirección por las 3w.

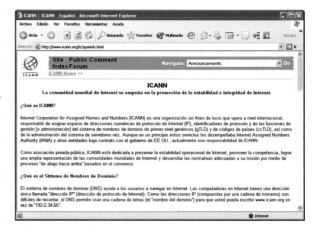

- **www:** Como ya sabemos, son las iniciales de *World Wide Web*.

- Separando las www del nombre de dominio debe estar el signo "punto" (.)

- **icann.org:** Es el nombre de dominio. En la parte derecha nos encontramos con la extensión (.org), que suele indicar la situación geográfica del sitio Web (".es" España, ".fr" Francia o ".ve" Venezuela) pero también puede indicar otros supuestos como ".org" de organización o ".info" de información, aunque también se pueden juntar (visite la página del ejemplo, http://www.icann.org para encontrar más información).

- **tr/spanish.html:** Indica la ruta del archivo de hipertexto (o de otro tipo) que estamos consultando. "tr" será el nombre del directorio en el cual se encuentra el archivo spanish.html.

Pues bien, aunque es conveniente saber qué es un URL, una dirección IP y un nombre de dominio, no es necesario profundizar en estos conceptos pues existen unos programas denominados navegadores que nos facilitan la vida en cuanto a la exploración de la Web se refiere. Los navegadores son programas encargados de traducir el "hipertexto".

La idea básica del hipertexto es referenciar documentos de forma que sea fácil moverse de unos a otros siguiendo el hilo formado por conceptos relacionados. Los conceptos referenciados se destacan visualmente mediante color azul y subrayado (aunque esto puede configurarse de otras formas). Se denominan *links*, vínculos o enlaces y seguirlos es tan fácil como hacer clic sobre uno de ellos.

Un investigador del CERN, Tim Berners-Lee, inventó en 1989 el hipertexto, el sistema de enlace entre documentos que es el núcleo básico de la Web. La Web ha cambiado muchísimo desde entonces, pues al principio estaba formada básicamente por documentos de texto enlazados unos con otros. Actualmente, la Web es compleja y sobre todo, multimedia: audio, vídeo, animaciones...

 La WWW surgió a partir de un proyecto del CERN (Centro Europeo para la Investigación Nuclear, *Centre Européen pour la Recherche Nucléaire*, en francés).

Como decíamos, los navegadores facilitan precisamente eso, la "navegación". Utilizando un navegador ni siquiera es necesario recordar direcciones URL, pues podemos marcarlas como Favoritos o *Bookmarks* utilizando una descripción que nos recuerde su contenido, de tal forma que para volver sólo tendremos que hacer clic en el nombre del Favorito que corresponda dentro de un menú del navegador.

Los navegadores han evolucionado en el mismo sentido. Los primeros navegadores eran muy sencillos pues su cometido consistía en traducir los sencillos documentos de hipertexto que inundaban la Web, que básicamente contenían texto y enlaces. Ahora los navegadores nos ofrecen una sencilla interfaz de usuario con herramientas visuales y fáciles de utilizar pero preparadas para sacarle todo el partido a los recursos multimedia de la Web. Y no solo traducen hipertexto (HTML), sino que también entienden otros muchos lenguajes utilizados actualmente para programar páginas Web.

La mayoría de los navegadores son muy similares y tienen una estructura parecida, con los mismos elementos:

- **Cuadro de texto de la barra de navegación:** La barra de navegación está en la parte superior. En este cuadro de texto escribimos la dirección HTTP directamente.

- **Botones de la barra de navegación:** Podemos ir hacia delante, a la página anterior, a la página inicial (que nosotros configuramos), etc.

- **Ventana de contenido:** En ella visualizamos el contenido de la página.

- **Barra de estado:** Podemos ver el estado de la navegación.

- **Menús:** Igual que en la mayoría de las aplicaciones visuales.

Netscape

Netscape es uno de los navegadores Web más famosos y veteranos del mercado.

La distribución de Netscape es gratuita y con cada nueva versión aparecen nuevas herramientas que sólo están en este navegador. En Netscape tenemos, en la parte izquierda una barra personal, **Mi Barra lateral**, con opciones personales como Lista de contactos, Noticias o Temas relacionados. Además, existe otra **Barra personal** con acceso a las páginas que más visitamos y **Marcadores** con los que podemos volver a cualquier página que nos hubiese gustado.

La instalación de Netscape es compatible con casi todas las plataformas, ya que está escrito en Java, un lenguaje que está llamado a ser el que más se utilice en Internet. En su última versión, Netscape 7.0, nos ofrece un método de navegación "tabulado", es decir, en vez de abrir cada página Web en una ventana distinta, abre múltiples páginas en la misma ventana de tal forma que podemos cambiar de una a otra rápidamente pulsando la tecla **Tab** o haciendo clic en las pestañas de cada una de las páginas. Esto además permite que no tengamos que esperar a que descargue una determinada página, pues podemos consultar otra mientras.

Además, se puede utilizar esta navegación tabulada para abrir, de un sólo clic, un grupo de favoritos en sus respectivas pestañas, siempre y cuando hayamos guardado previamente varias pestañas como grupo.

También incluye un gestor de descargas con el cual podemos interrumpir la descarga de un determinado programa o archivo y volver a reanudarla posteriormente. Otras interesantes herramientas de Netscape son el gestor de contraseñas, el gestor de formularios y el gestor de *cookies*.

Netscape es un programa muy completo que no solo incluye un navegador, sino también un programa para correo electrónico, una aplicación de mensajería instantánea (AOL Instant Messenger), una libreta de direcciones y un programa para edición visual de páginas Web.

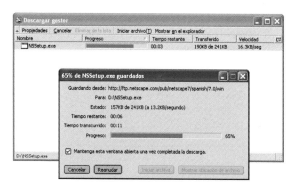

Microsoft Internet Explorer

Internet Explorer, al igual que la mayoría de los productos de Microsoft, es el navegador más utilizado y se distribuye gratuitamente o junto con el sistema operativo Windows (lo que llevó a Bill Gates a los tribunales). Explorer es un navegador muy similar a Netscape (los dos han crecido de forma paralela y en la actualidad son los dos navegadores más conocidos). Por ejemplo, los Marcadores de Netscape Navigator serían los Favoritos del Explorer y el resto de opciones son prácticamente las mismas, exceptuando la navegación tabulada, que no es posible realizar con Explorer (cada página Web se abre en una ventana independiente).

Otras opciones específicas de Internet Explorer son el Historial, con todas las páginas visitadas en las últimas tres semanas (aunque se puede configurar) y la compatibilidad total con el resto de herramientas de Microsoft que tengamos instaladas.

Una característica diferencial de este navegador es, como en el resto de aplicaciones de Microsoft Office, la barra del explorador denominada Referencia, que como ya comentamos al hablar del paquete ofimático proporciona enlace directo a recursos de Internet para la búsqueda en diccionarios y otros repositorios de información, además de traducción de términos en varios idiomas.

Opera y otros navegadores

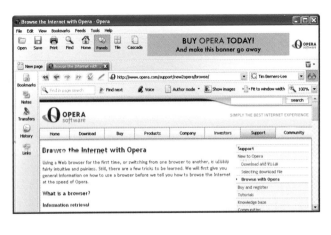

Existen pocas alternativas a estos dos navegadores, que copan prácticamente todo el mercado. El navegador Opera, también gratuito (aunque existe una versión de pago), es el tercero en discordia. Aunque es uno de los más veteranos, las nuevas versiones son de bastante calidad y disponemos de versiones para múltiples plataformas y dispositivos móviles.

Al igual que Netscape, Opera proporciona navegación tabular con pestañas no sólo para abrir las páginas Web, sino también el gestor de Bookmarks y la utilidad para descargas. Una opción muy interesante de Opera es el Zoom, utilidad para aumentar la visualización de las páginas y todo su contenido como si se tratase de una imagen. Una de sus ventajas más aplaudidas es una utilidad para bloquear los *pop-up*, esas incómodas ventanas que se abren sin solicitarlas.

Otras opciones al monopolio de Microsoft son: Vantage Browser de OLRnet, Mozilla o Mosaic (el sucesor de uno de los primeros navegadores en la historia de la Web).

 Los *pop-up* pequeñas ventanas con mensajes publicitarios que se abren automáticamente al visitar algunas páginas Web, que a veces resultan bastante molestos, sobre todo si se abren unos cuantos al mismo tiempo).

Los weblog y RSS

Los *weblog* (abreviado, *blog* o bitácora) constituyen uno de los fenómenos más revolucionarios de la Internet de los últimos años. Los *blog* han democratizado la gran Telaraña Mundial proporcionando las herramientas necesarias para que cualquiera pueda publicar y discutir información en la Web, sin que sea necesario tener ningún tipo de conocimiento técnico sobre creación de documentos para la Red.

Un *blog* es un diario temático online, una página Web que se actualiza muy frecuentemente y en la cual uno o varios autores publican pequeños artículos sobre un determinado asunto. Los artículos se denominan "entradas" (en inglés, *post*) y aparecen ordenadas en orden cronológico inverso, es decir, primero lo más reciente. Una característica de los *blog* es que proporcionan un sistema muy sencillo para que cualquier persona pueda añadir comentarios a cualquiera de las entradas ya publicadas.

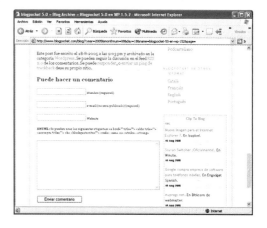

Por tanto, el sistema es pura democracia online: cualquier persona puede crear un *blog* y publicar sobre cualquier tema todo aquello cuanto se le ocurra y cualquier persona puede comentar lo que otros han escrito en un *blog*.

Esto no significa en absoluto que se trate de un sistema anárquico, es más, muchos *blog* están moderados (es decir, el autor se reserva el derecho a borrar entradas o comentarios que considere fuera de lugar), pero el motivo fundamental de ello es orientar el *blog* para evitar que se pierda el hilo temático y para conservar las formas y el respeto debido a todos y para todos.

Existe un vocabulario propio de los *weblog*, compuesto por una serie de términos sencillos que suelen utilizarse habitualmente en las bitácoras.

- **Entrada:** Cada artículo publicado.

- **Permalink:** Enlace permanente. Es la dirección URL que el sistema de publicación asigna a cada entrada, la cual deberá utilizarse para enlazarla.

- **Blogero:** Escritor de *blog*.

- **Blogosfera:** Término que se utiliza para referirse al mundillo de los *blog* de forma genérica.

- **blogroll:** Lista de enlaces a otros *blog*.

- **trackback:** Enlace inverso que avisa a otro *blog* cuando citamos una de sus entradas.

Una especial particularidad de los *blog* es que además de en html se suelen publicar en otros formatos. Uno de los más utilizados es RSS, un formato derivado de XML y que se utiliza para compartir la información de forma que pueda ser publicada fácilmente en otras páginas Web. Esta técnica de intercambio de información se denomina "sindicación".

RSS es parte de la familia de los formatos XML desarrollado específicamente para sitios de noticias y *weblogs* que se actualizan con frecuencia y por medio del cual se puede compartir la información y usarla en otros sitios Web o programas. A esto se le conoce como sindicación.

El término RSS puede referirse a varios estándares de sindicación:

- Rich Site Summary (RSS 0.91).

- RDF Site Summary (RSS 0.9 y 1.0).

- Really Simple Syndication (RSS 2.0).

Los programas que leen RSS se denominan "agregadores" o "lectores de *feeds*" y son herramientas de gran utilidad pues pueden leer RSS procedentes de muchas fuentes distintas, lo cual nos ahorra tener que visitar un montón de *blog* distintos en busca de información sobre uno o varios temas de nuestro especial interés. Y no sólo extraen información de las bitácoras, sino que cada vez más sitios Web ofrecen una versión RSS de sus informaciones, sobre todo los sitios Web de noticias u otros cualquiera que se actualicen muy a menudo. Gracias a estos programas ya no hay excusa que valga a la hora de estar al día sobre un determinado asunto. En cualquier página de descargas podemos encontrar lectores de *feeds* tanto *freeware* como *shareware*, pero ya hay navegadores que incorporan esta función, como por ejemplo Opera 8.0.

Fotografía en la Web

Photoblog: más que un álbum de fotos en Internet

Un *Photoblog* (en español, fotolog) es una variante de los *blog* en la cual cada entrada incluye, además de los comentarios, una fotografía. Por tanto, se trata de algo más de un álbum de fotos en Internet.

Existen distintos tipos de fotologs según se de mayor o menor importancia a los distintos elementos esenciales que lo forman: los comentarios del autor, la propia foto o los comentarios de los amigos y/o visitantes.

El éxito de Photolog.net fue uno de los principales impulsores de esta nueva tendencia, pues ofrece la posibilidad de crear fotologs gratuitos que incluyen libro de visitas y enlaces a fotologs amigos.

Encargar el revelado de tus fotos

El auge de las cámaras digitales ha convertido el visionado de imágenes en algo que se hace delante del ordenador, de un monitor de televisión o mediante el propio visor de la cámara. Pero puede ser que deseemos conservar una copia en papel de nuestras mejores fotos para, por ejemplo, enmarcarlas. En este caso, la Web se revela nuevamente como una excelente herramienta, pues existen páginas Web a través de las cuales podemos enviar nuestras fotos digitales (archivos JPG normalmente) para que sean reveladas e impresas en papel de buena calidad.

Así también nos ahorramos el esfuerzo de tener que ir a recoger las fotos, pues este tipo de servicios incluyen en su precio (o abonando una tarifa determinada) el envío a nuestro propio domicilio.

Adicionalmente, es habitual que los sitios Web que ofrecen servicio de revelado de fotos, proporcionen también un determinado número de Megabytes para almacenar online nuestras fotos y compartir el álbum con amigos o familiares a través de la Web.

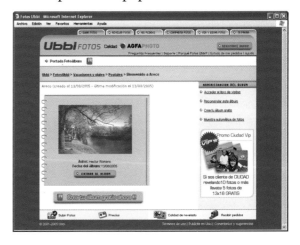

Breve historia del e-mail

© Copyright BBN Technologies.

El correo electrónico fue inventado por Ray Tomlinson en 1971, cuando trabajaba en una empresa que a su vez recibió un encargo para trabajar para ARPANET. Entonces ya existía la posibilidad de enviar mensajes entre varios usuarios de un mismo ordenador, lo cual resultaba muy útil en los entornos informáticos de entonces, pues la mayoría de los equipos eran terminales "tontos" conectados a un ordenador.

Tomlinson perfeccionó el programa que se utilizaba para ello de tal forma que sirviera para enviar y recibir mensajes entre distintos ordenadores de una red. Fue él quien inventó el uso actual de la arroba "@" para separar del usuario del nombre de la máquina en las direcciones de los buzones de correo. En inglés @ significa "at" (la preposición "en"), de lo cual se obtiene "fulanitodetal@nombre_maquina", es decir "fulatinodetal en nombre_maquina".
En el caso de Tomlinson "la máquina", es decir el ordenador que utilizó para enviar el primer e-mail fue el Tenex Machine, en la empresa BBN Technologies.

© Copyright BBN Technologies.

El correo electrónico o *e-mail* ha sido uno de los factores clave de la revolución de Internet. Esta nueva forma de comunicación ha revolucionado tanto el mundo de la informática que mucha gente ha entrado en el mundo de los ordenadores sólo para poder comunicarse a través de esta nueva forma de correo.
La dirección o buzón de correo electrónico se ha convertido en una nueva identificación personal, tan importante como el número de teléfono o la dirección de nuestra casa. El intercambio mundial de mensajes demuestra las enormes ventajas de un correo casi instantáneo, internacional y con posibilidad de adjuntar otros archivos, aunque su desventaja es que dependemos de un acceso continuo a un ordenador conectado a Internet que no siempre es posible.

Cómo funciona

El correo electrónico utiliza el protocolo SMTP (*Simple Mail Transfer Protocol*), perteneciente al TCP/IP. La ventaja de este formato, creado a principios de 1980, es que es compatible con todas las plataformas informáticas (Mac, PC, etc.) ya que se basa en texto ASCII, que es la codificación de la mayoría de los signos de escritura que utilizamos.

Su principal inconveniente es que no permite el envío de ficheros binarios (archivos de imagen, gráficos, programas...). Solamente permite el intercambio de mensajes de texto plano sin formato.

En 1992 aparece otro formato, el MIME (*Multipurpose Internet Mail Extensions*, Extensiones de correo Internet multipropósito), que ayuda a codificar y descodificar otros formatos de escritura y que por vez primera posibilita el envío de todo tipo de ficheros binarios y archivos adjuntos.

Por último, el protocolo POP (*Post Office Protocol*, Protocolo de la Oficina de correos), que actualmente se encuentra en su tercera versión POP3, es el que nos

permite descargar y almacenar los mensajes de correo en nuestro ordenador (enviamos un correo por medio de los protocolos MIME o SMTP y lo recibimos gracias al protocolo POP).

Las direcciones de correo electrónico están formadas por dos partes separadas por el famoso símbolo de la arroba "@". La primera parte es el nombre de usuario, que es una identificación personal y que por lo tanto deberíamos elegir nosotros.

La segunda parte, a la derecha del símbolo de la arroba, es el nombre de dominio y subdominio, que dependen de nuestro servidor de correo o Internet y su extensión, que ya vimos anteriormente al hablar de las direcciones de Internet o URL.

Nuestro nombre de usuario puede ser el mismo con diferentes nombres de dominio o servidores. Como es lógico, el conjunto de nombre de usuario y dominio forma una dirección única, a escala mundial.

Por ejemplo, si damos de alta el usuario "mi_nombre_de_usuario" en el servidor de correo de www.hotmail.com, obtendremos la dirección de correo electrónico "mi_nombre_de_usuario@hotmail.com".

Una de las ventajas fundamentales del *e-mail*, además de la comodidad y rapidez (los mensajes llegan casi instantáneamente y nos ahorramos el paseo hasta la oficina de correos o el buzón más cercano), es el hecho de que todos los mensajes enviados a un determinado buzón de correo electrónico permanecen almacenados en el Servidor de Correo de nuestro proveedor de Internet hasta que el usuario se conecta para descargarlos y leerlos. Esto quiere decir que recibiremos nuestros mensajes aunque no tengamos el ordenador encendido ni estemos conectados a la Red.

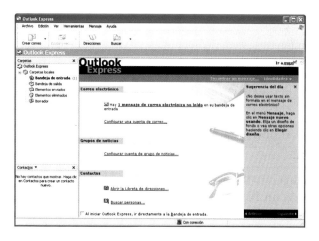

Una vez que tenemos una dirección de correo electrónico (ya sea porque nos la ha proporcionado nuestro proveedor de Internet o porque hemos dado de alta un buzón de correo en uno de los muchos servidores que en la Web proporcionan este servicio), lo siguiente que necesitamos es un "cliente" de correo electrónico, es decir, un programa que se comunica con el Servidor de Correo para hacer posible el envío y recepción de mensajes.

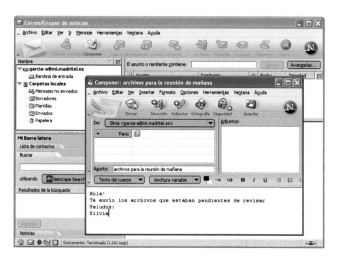

Hay diversas formas de obtener un software cliente de correo electrónico.

En primer lugar, algunos sistemas operativos incluyen gestores de correo. En Windows tenemos Outlook Express. En Mac OS podemos utilizar Mail.

En segundo lugar, casi todos los paquetes ofimáticos incluyen este tipo de programas. Tal es el caso de Microsoft Office y su gestor de correo Outlook.

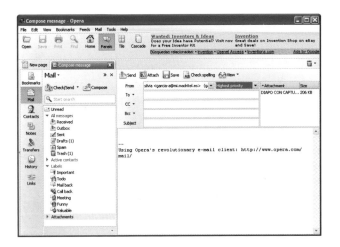

Por otro lado, como comentamos ya anteriormente, algunos navegadores incluyen una utilidad para *e-mail*, como Netscape y Opera.

Existen gestores de correo electrónico gratuitos que podemos obtener en páginas de descarga de *freeware* y *shareware*, por ejemplo, Eudora (uno de los clientes de correo más veteranos de toda la historia de Internet).

Webmail o POP

Para enviar y recibir correo podemos utilizar sistemas de correo electrónicos basados en Web, como Hotmail o Gmail, que proporcionan una interfaz para gestión de e-mail a través del propio navegador. A este tipo de servicios se les suele denominar *Webmail* o *Internet Mail*, para diferenciarlos de los servicios que utilizan el protocolo POP junto con un software gestor de correo.

La ventaja de gestionar el correo a través de una página Web es que podemos gestionar el correo desde cualquier ordenador en cualquier parte del mundo, simplemente conectándonos a esa página Web. Nuestra dirección de correo nos pertenecerá para siempre, a no ser que el sitio Web desaparezca o bien que cambien las condiciones de servicio (que por ejemplo pase a ser de pago, cosa poco probable pues los portales que ofrecen *Webmail* gratuito suelen mantener esta modalidad además de cuentas de pago con servicios adicionales).

Un posible problema puede ser la seguridad, ya que si nos conectamos en un ordenador de acceso público (en una universidad o un café) debemos asegurarnos de desconectarnos y salir de la página al terminar nuestra sesión.

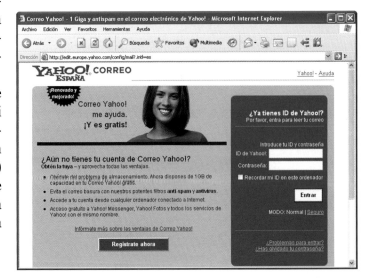

Crear una cuenta

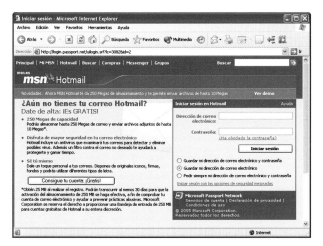

Crear una cuenta de correo gratuita en Internet es un proceso muy sencillo, en el que deberemos rellenar unos datos personales, a través de diversos formularios. Dependiendo del sitio Web, estos datos son más o menos.

Éstos son algunos de los portales o sitios Web que nos permiten crear cuentas de correo:

- **Yahoo.es:** Es uno de los sitios más veteranos, lo que demuestra que una dirección en este sitio puede durarnos toda la vida. Ofrece un espacio de 1 Giga para almacenar mensajes.

- **Hotmail:** El correo electrónico de Microsoft ofrece 250 Mb de almacenamiento.

- **Mixmail:** Otro clásico del correo gratuito a través de Internet, pero sólo ofrece 10 Mb.

- **Lycos.es:** El clásico buscador ofrece 300 Mb.

- **Netscape Mail:** El servicio de Webmail gratuito del famoso navegador actualmente ofrece 250 Mb y protección antivirus.

- **Gmail:** Se trata de un servicio *Web-mail* bastante especial que ofrece el más que famoso buscador Google. Es uno de los servicios más punteros, ya que ofrece 2000 Mb de espacio para almacenamiento. También es gratuito, pero algo "exclusivo", pues sólo se puede dar de alta una cuenta a través de una invitación enviada por alguien que ya sea usuario de este servicio.

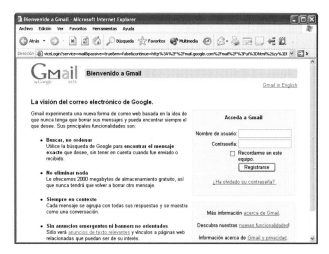

Existen muchos otros sitios, aunque lo más importante es encontrar uno en el que nuestro nombre de usuario no esté reservado por otra persona. Esto es cada vez más difícil y es posible que debamos buscar algo muy complicado para encontrar un nombre con el que nos identifiquemos y que esté libre.

Existen otras opciones a la hora de elegir un sitio u otro, como el espacio de buzón (un disco duro virtual en el que guardamos los mensajes y los archivos que nos envíen), la rapidez de uso y la facilidad. También conviene tener en cuenta los servicios adicionales que se nos ofrecen, sobre todo aquellos relacionados con el control de virus y los filtros *anti-spam*, servicios relacionados con el correo electrónico que normalmente son muy valorados por los usuarios.

Nota Cuando hablamos de servicios de correo electrónico en Internet, ya sean POP o Webmail, se denomina *spam* a todo correo no deseado o no solicitado, que normalmente es enviado con intenciones publicitarios. Por tanto, un filtro *anti-spam* es un programa (o tecnología aplicada a la Web, en el caso del webmail) que detecta el *spam* con el objetivo de evitar que esos correos no deseados colapsen nuestro buzón. Normalmente, los filtros *anti-spam* se pueden configurar para que se elimine todo correo no deseado o bien para que sea almacenado en una carpeta independiente de tal forma que sea el propio usuario quien decida. La configuración más estricta de un filtro *anti-spam* consiste en considerar *spam* todo correo cuyo origen sea una dirección de correo no registrada en nuestra libreta de direcciones.

Gestores de correo

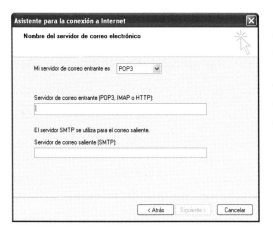

Los gestores de correo son programas diseñados para manejar nuestras cuentas de *e-mail*. Esta gestión incluye no sólo leer los mensajes, sino borrarlos, ordenarlos, archivarlos o cambiar fácilmente de una cuenta de correo a otra (podemos gestionar varios buzones con el mismo programa). Para poder utilizar este tipo de programas con nuestras cuentas, debemos conocer unos datos que nos debe proporcionar nuestro proveedor y que son el servidor POP3 (correo entrante) y SMTP (correo saliente).

También podemos realizar el proceso contrario, es decir, revisar otras cuentas de correo en nuestra página de *Webmail* (siempre y cuando el proveedor del servicio ofrezca esta función).

Microsoft Outlook

Microsoft Outlook es el programa de gestión de correo más conocido y actualmente se incluye dentro del paquete de Office.

Se trata de una mezcla entre gestión de mensajes de correo y agenda. Además, posee muchas utilidades muy prácticas, como la libreta de direcciones, en la que podemos introducir varios datos, aparte de la dirección de correo electrónico.

Enviar un mensaje con Outlook es muy sencillo, pulsando el botón **Nuevo** de la barra de herramientas y escribiendo la dirección del destinatario en el campo Para.

También podemos enviar una copia del mensaje a otros usuarios (campo CC, Con Copia). En el campo Asunto (o *subject*, en otros gestores) escribimos el tema que tendrá nuestro mensaje, aunque es opcional.

Los campos Para, Asunto y CC los encontraremos en la práctica totalidad de los gestores de correo. Además, también podemos encontrar un campo denominado BCC, *Blind Carbon Copy* o Copia Oculta, mediante el cual se puede enviar una copia del mensaje a una o varias direcciones de *e-mail* sin que el resto de destinatarios lo sepan.

 Para crear una cuenta de correo, debemos ir al menú Herramientas y seleccionar la opción Cuentas. En el cuadro de diálogo que aparece, vamos añadiendo cuentas con el botón **Agregar...** y seguimos las instrucciones del asistente, en el que vamos introduciendo todos los datos, incluidos el nombre del servidor de correo entrante y saliente (POP3 y SMTP).

 Outlook Express viene a ser una versión reducida de MS Outlook, con las mismas funciones básicas para correo electrónico. La diferencia fundamental son las utilidades de agenda y organización personal de la versión de Outlook que viene en el paquete Office (Calendario y Tareas), ausentes en Outlook Express. Asimismo, las capacidades de filtrado y organización de MS Outlook son también más potentes y precisas.

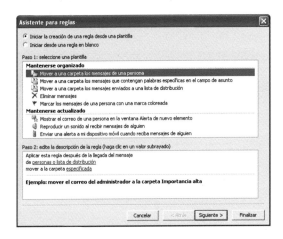 Con MS Outlook se puede organizar el correo según llega fácilmente utilizando lo que se denominan "reglas de correo". Mediante estas reglas, le indicamos al programa una serie de parámetros o condiciones que debe cumplir un determinado correo, y qué queremos que el programa haga con él si cumple dichas condiciones. De esta forma, podemos configurar que todos los mensajes de una persona (o de un grupo) vayan automáticamente a una determinada carpeta que previamente debemos haber creado dentro de nuestro Inbox (buzón de correo entrante, al que de forma predeterminada van los mensajes cuando los descargamos del servidor utilizando Outlook).

Otra de las utilidades más interesantes de Outlook como gestor de correo es el filtro *anti-spam*. Podemos indicar que un determinado mensaje es correo no deseado cada vez que lo recibamos.

La próxima vez que llegue un correo del mismo servidor o del mismo remitente (según hayamos configurado el filtro), Outlook lo detectará y realizará la acción que le hayamos indicado según el caso (eliminarlo, almacenarlo en la carpeta Correo electrónico no deseado). Según utilizamos el filtro anti-spam Outlook va creando listas de remitentes y destinatarios seguros y listas de remitentes y destinatarios bloqueados.

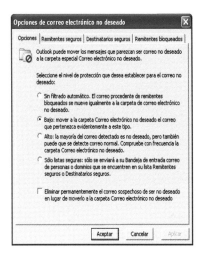

Las listas de distribución

Una lista de correo o lista de distribución es un conjunto de buzones de *e-mail* cuyos respectivos titulares han consentido previamente en recibir mensajes sobre un determinado tema. Para publicar un mensaje mediante una lista de correo enviamos el mensaje al buzón genérico que identifica a la propia lista, de tal forma que todos los usuarios suscritos a dicha lista recibirán una copia del mismo.

Para evitar un aluvión de mensajes diarios, las listas de correo, sobre todo las más activas, suelen ofrecer dos tipos de suscripción a la lista, para que el usuario pueda elegir entre recibir todos los mensajes que se envíen a la lista o recibir un resumen diario en un único mensaje que incluya el contenido de todos los mensajes enviados a la lista ese día en concreto.

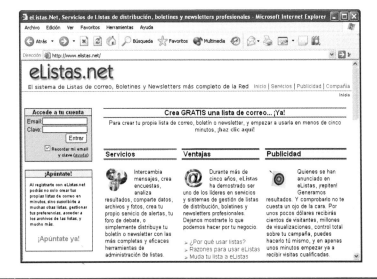

El servicio de News o grupos de noticias

Las *News* (Noticias) son grupos de discusión en torno a un determinado tema, pero, a diferencia de las listas de correo, funcionan más bien como un tablón de anuncios. El origen de los grupos de noticias (*Newsgroups*) es Usenet. En 1979 varios estudiantes de la Universidad de Duke (Carolina del Norte, USA) inventaron este sistema de intercambio de mensajes entre ordenadores vía línea telefónica. Para leer las informaciones ya publicadas había que conectarse al servidor de *News* en el cual se almacenaban mediante un software cliente denominado *newsreader* (lector de *news*).

Las noticias se fueron agrupando por temas formando una jerarquía y cualquier usuario que leyera una noticia en Usenet podía publicar una respuesta u opinión al respecto, lo cual hizo que Usenet acabara convirtiéndose en un marasmo de informaciones. Esto se solucionó en parte cuando en 1995 la empresa Deja News empezó a archivar los mensajes de Usenet para facilitar funciones de búsqueda.

En 2001, el buscador Google adquirió el archivo de Usenet con todo lo publicado a partir de 1981 y añadió potentes funciones de búsqueda, además de nuevas herramientas utilizando una interfaz de usuario basada en la Web.

Transmitir archivos mediante FTP

FTP significa *File Transfer Protocol*, Protocolo de Transferencia de Archivos, y es el servicio de Internet más adecuado a la hora de transmitir archivos voluminosos o un gran número de ellos. El FTP utiliza una arquitectura de servicios basada en el sistema servidor-cliente. La máquina que funciona como servidor debe tener instalado un software apropiado para permitir el acceso de usuarios que descarguen contenidos utilizando este servicio. Igualmente, el ordenador que pretende descargar los archivos (recibirlos) debe tener instalado un software cliente para FTP, como CuteFTP o WS_FTP.

El funcionamiento de este tipo de programas es muy sencillo. Debemos tener un nombre de usuario y una contraseña que nos permita el acceso a determinados servidores de FTP, o bien configurar un acceso anónimo si se trata de un servidor público, en cuyo caso sólo será necesario conocer la dirección del servidor (el usuario suele ser nuestro e-mail y la contraseña "anonymous"). Las direcciones FTP son similares a las URL de la WWW, sólo que el protocolo a utilizar debe indicarse de la siguiente forma: ftp://nombre_servidor/directorio/subdirectorio.

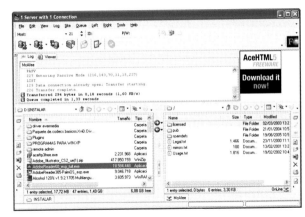

Los programas clientes de FTP suelen tener una interfaz muy fácil y similar al Explorador de archivos de Windows. Es habitual que utilicen una vista dividida mostrando en dos paneles diferentes de forma paralela los directorios del servidor, y las carpetas de nuestro disco duro.

Internet a través del televisor

WebTV, Internet desde el sofá

Algunos servicios de televisión por satélite o por cable ofrecen servicios integrados de ocio digital que incluyen acceso a Internet a través del televisor para la realización de consultas sencillas, tales como información adicional sobre los programas que emiten o envío de mensajes de correo electrónico.

Para poder utilizar la televisión como dispositivo de consulta de la Web es necesario disponer de un terminal especial que se conecta al televisor (de aspecto similar al descodificador de la televisión por satélite). Algunas empresas ya los comercializan, como Microsoft que además del equipo necesario ofrece el propio servicio de acceso a la Red incluyendo contenidos adaptados a la resolución y tamaño de la televisión.

P2P y derechos de autor

El P2P (*Peer to Peer*) consiste en utilizar Internet para formar redes "entre iguales" formadas por los ordenadores de los propios usuarios con el objetivo de intercambiar archivos entre ellos. De esta forma, en vez de utilizar la arquitectura cliente-servidor, todos se conectan con todos y cualquier equipo puede subir y bajar archivos a la red al mismo tiempo utilizando para ello un programa determinado.

El problema de este tipo de programas es su posible ilegalidad pues este tipo de software nos ayuda a intercambiar archivos mp3, películas de vídeo y otro tipo de datos que pueden violar las leyes relacionadas con los derechos de autor.

Por tanto, el uso correcto de los programas para P2P es responsabilidad del usuario, dado que podemos compartir montones de archivos gratuitos cuyos contenidos no están sujetos a derechos de autor, o bien podemos acceder a un servicio de suscripción por el cual se nos autoriza a descargar un número determinado de archivos a cambio de satisfacer una determinada cuota.

Los programas más usados para P2P son eMule, BearShare, KazaA Lite, LimeWire y OverNet. Se trata de redes en las que se comparten todo tipo de archivos, con lo cual debemos recordar que es responsabilidad del usuario el utilizarlos correctamente. El P2P no es ilegal en sí mismo, sino según el uso que de él se haga.

Redes legales de P2P

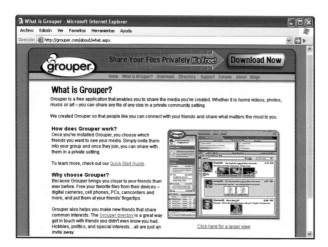

Actualmente existen varias redes P2P absolutamente legales. Para ello se utilizan métodos que impiden la descarga indiscriminada de archivos que pudieran estar protegidos por derechos de autor. Uno de esos métodos consiste en limitar el número de usuarios con los cuales se comparten los archivos, de tal forma que podemos compartir archivos de nuestra propiedad sólo con nuestros amigos. Tal es el caso de la red de intercambio que utiliza el software Grouper (www.grouper.com). Otra forma de evitar descargas ilegales consiste en el *streaming*, de manera que permitimos la visualización de vídeos o la escucha de música sin descargar el archivo físicamente, lo cual es totalmente legal siempre que el usuario en cuyo equipo estén alojados los archivos los haya adquirido de forma legal. De esta forma se disfruta del multimedia y se evita la distribución no autorizada. Tal es el caso de la red de usuarios que utilizan el programa Mercora IMRadio (http://www.mercora.com).

Ventajas e inconvenientes de comprar en Internet

El comercio electrónico consiste en la compra y venta se servicios o productos a través de Internet. Todo el proceso se realiza a través de la Web, desde la búsqueda del producto deseado hasta el pago del mismo, con lo cual se evitan molestos desplazamientos y otros inconvenientes de los grandes centros comerciales (colas, esperas, atascos a la entrada, escasez de aparcamiento...). Buscamos lo que queremos y lo compramos desde casa, y posteriormente recibimos el producto en nuestro propio domicilio.

El principal inconveniente del comercio electrónico es la seguridad. Para comprar debemos proporcionar una serie de datos personales que, si son interceptados en el camino virtual que va desde nuestro equipo hasta el servidor de la

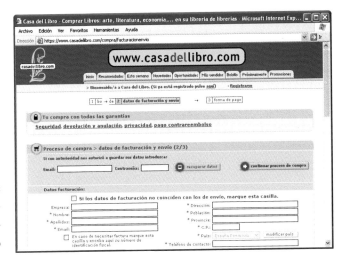

tienda pueden ocasionarnos problemas, fundamentalmente la intercepción del número de nuestra tarjeta de crédito. Además, a nadie le gusta que los datos de su domicilio viajen por Internet sin ningún tipo de seguridad.

La importancia de sentirse seguro

Para evitar todos estos problemas las tiendas de Internet suelen ofrecer a sus clientes diversos sistemas de seguridad. El más extendido es el sistema de servidor seguro mediante tecnología SSL (*Secure Sockets Layer*), un sistema de cifrado de transacciones y encriptación de datos que permite establecer una conexión segura entre nuestro ordenador y el servidor de la tienda para poder mandar datos personales sin preocupaciones. El navegador suele avisarnos siempre que entramos y salimos de un sitio que utiliza este sistema.

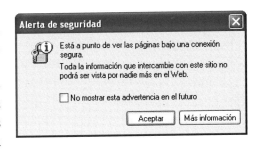

Además, si lo deseamos no es necesario utilizar tarjeta de crédito para el pago, pues los comercios electrónicos suelen ofrecer medios de pago alternativos, como transferencia bancaria o contra reembolso.

Por otro lado, algunas entidades bancarias han creado tarjetas especiales con el objetivo de incentivar el comercio electrónico. Suele tratarse de tarjetas prepago no asociadas a cuentas bancarias que podemos recargar en los cajeros. Se puede pagar con ellas como si de una tarjeta de crédito se tratara, pero sólo en Internet, sin correr los riesgos inherentes a la utilización de las tarjetas normales.

Marketing y Publicidad en la Web

Al igual que ocurre con otros medios de comunicación, el éxito de Internet convierte a la Web en una forma más de llegar a potenciales compradores, lo cual hace de la publicidad un elemento a tener muy en cuenta cuando se habla de la Red.

Existen diversos tipos de elementos publicitarios en Internet, desde simples enlaces a complicadas animaciones con música u otros sonidos.

El elemento publicitario más famoso de Internet es el *banner*. Suele tratarse de un espacio publicitario de forma rectangular

insertado entre el resto de elementos de una página Web. Es habitual que una Web tenga varios *banner* de distintos tamaños situados en diversos lugares. Al principio de empezar a utilizarse los *banner* eran un elemento muy atrayente, sobre todo si incorporaban imágenes en movimiento, pero con el tiempo los usuarios se han acostumbrado y prácticamente tienden a ignorarlos.

Otro tipo de publicidad ampliamente utilizado en la Web son los *pop-up*, pequeñas ventanas que se abren a veces cuando visitamos un sitio Web y que suelen contener mensajes publicitarios. Suelen "saltar" automáticamente al primer plano de nuestra pantalla mientras se carga la página Web que realmente deseamos visitar, y pueden llegar a ser muy molestos, especialmente cuando se abren varios al mismo tiempo inundando toda la pantalla con un montón de ventanitas. Cada vez se utilizan menos debido a las reiteradas quejas de los usuarios ante este tipo de publicidad tan intrusiva, y porque existen navegadores y otros programas que los bloquean impidiendo que aparezcan de forma automática, lo cual lógicamente impide su efectividad como mensaje publicitario.

Muchos estudios han concluido que el tipo de publicidad que funciona en Internet es la publicidad contextual, es decir, aquella que cambia según el contexto o entorno, cambiando según la temática de la página en la que aparece y adaptándose a los gustos del usuario. Así, existen navegadores cuya publicidad cambia según el tema de la página que abra el usuario, o según los enlaces en los cuales haga clic.

Parece ser también que la publicidad autorizada (*permission marketing*) es muy efectiva, y existen sitios Web dedicados a gestionar el envío de *e-mail* publicitarios a personas que específicamente han autorizado que se les mande información sobre determinados productos o servicios (por ejemplo, al apuntarse en una lista de distribución de correo).

Utilidades para control paterno de la navegación

La Web es un medio abierto y libre, lo cual hace que sea posible encontrar de todo, incluyendo aquellos contenidos poco adecuados para los ojos de los niños. Por tanto, si un ordenador tiene entre sus usuarios habituales un niño, es conveniente que un adulto instale y configure un programa para control paterno o control parental de la navegación que impida al niño visitar páginas Web no adecuadas a su edad o que puedan mostrar contenidos pornográficos, violentos, etc.

Existen múltiples utilidades para evitar que el niño visite determinados sitios Web. Algunas marcas de antivirus suelen comercializar paquetes de seguridad integrados que además de antivirus y firewall incluyen filtros de contenido para control paterno, como es el caso de McAfee Internet Security o Panda Platinum Internet Security. También existen programas especializados para controlar la navegación por parte de padres o tutores, como Net Nanny o Control Kids.

Normalmente, estos programas combinan la utilización de listas "negras" públicas sobre sitios porno, con contenidos violentos o de apuestas en línea, con el filtrado de páginas mediante palabras clave relacionadas con los temas que desean bloquearse, y además suelen incluir la posibilidad de personalizar esas listas manualmente, añadiendo el adulto directamente las URL de páginas que no desea sean vistas por los pequeños de la casa.

Capítulo 7
Internet y la comunicación interpersonal

Chat

El chat o charla, ha supuesto otra de las revoluciones de Internet con una nueva forma de comunicación interpersonal que rebasa todas las barreras. Básicamente consiste en conversaciones en tiempo real (nuestros mensajes llegan instantáneamente) que se deben llevar a cabo páginas Web habilitadas para ello.

Se trata de una especie de "habitaciones virtuales" en las que podemos entrar y salir cuando queramos. Nuestra identidad es un alias (*nickname*) que nos inventamos y que normalmente no especifica nada sobre nuestra personalidad ni sobre nuestro aspecto. Este anonimato es la base del éxito de los chats, que ha convertido Internet en la mayor agencia de contactos. Existen diversos sitios Web en los que podemos chatear, entre los que podemos destacar los canales de la mayoría de los portales de Internet (Terra.es o Ya.com, por ejemplo) que disponen de apartados para chatear, algunos clasificados por temas.

El chat surgió prácticamente como un juego de adolescentes pero ha revolucionado todos los esquemas de charla a través de Internet. Originalmente, consiste en conversaciones mediante mensajes de texto en tiempo real, y se puede estar chateando con varias personas a la vez ya sea invitando a otros usuarios a una conversación ya iniciada entre dos de ellos, o bien de forma privada con cada uno.

Mensajería instantánea

También existen aplicaciones especialmente diseñadas para chatear. Estos programas de mensajería instantánea han ampliado mucho las posibilidades actuales del chat, de forma que actualmente podemos utilizarlos para realizar videoconferencia y conversaciones de voz, además del clásico intercambio de mensajes de texto.

ICQ

ICQ (www.icq.com) es uno de los programas de mensajería más veteranos en la Red y con gran cantidad de opciones. Fue el primero en ser utilizado masivamente en la Red, y además incluye funciones para envío de archivos, videoconferencia y charlas de voz.

MSN Messenger

El Messenger del portal MSN, de Microsoft, es uno de los programas de mensajería que más usuarios tiene actualmente en todo el mundo. En esta aplicación se puede utilizar como nombre de usuario la dirección de *e-mail* de Hotmail.com o cualquier cuenta de Microsoft Passport, lo cual resulta tan cómodo que ha hecho de Messenger la elección para la mayoría de usuarios de Hotmail. Se trata de un sistema muy similar al chat pero es más personal pues nos comunicamos con conocidos que previamente insertamos en nuestra libreta de direcciones.

Además de enviar simples mensajes de texto, con Messenger se pueden intercambiar archivos, realizar conferencias de audio y vídeo y colaborar en documentos a través de la Red. Su mayor ventaja es que cuando un contacto está en línea, se puede iniciar instantáneamente una conversación.

Microsoft Passport es un sistema de identificación de usuarios que utiliza Microsoft en varios de sus servicios en la Web, y que también podemos utilizar en páginas Web de otras empresas.

Además, las conversaciones se pueden enriquecer con la utilización de emoticonos, que son pequeños dibujos de caritas con diversos gestos que sirven para expresar emociones cuando la comunicación se realiza mediante mensajes instantáneos de texto.

En MSN Messenger además podemos utilizar "guiños", pequeñas animaciones que son una versión evolucionada de los emoticonos, también en poses graciosas y enfocados a la expresión de emociones.

Messenger es un programa muy completo con el que se pueden compartir con los amigos a través de Internet actividades de todo tipo, incluso se puede utilizar una versión "virtual" de algunos juegos de mesa, como las damas o el ajedrez.

Se puede personalizar el tamaño, tipo y color del texto de los mensajes, y también la propia ventana de conversación con decorados denominados "fondos", que además se pueden compartir con nuestros contactos.

Yahoo Messenger

Se trata de otro de los programas de comunicación instantánea más utilizados internacionalmente. El portal Yahoo es uno de los más veteranos de la Red, y sus servicios son reconocidos por su gran calidad.

Lo primero que hemos de hacer para utilizarlo es registrarnos para así conseguir una ID Yahoo!, un identificador personal formado por un nombre de usuario y una contraseña. Si así lo deseamos, en el propio proceso de registro se puede elegir que se nos asigne gratuitamente una dirección de *Webmail* Yahoo con ese mismo nombre de usuario y contraseña. Asimismo, podemos utilizar la ID Yahoo! para acceder a otros servicios del portal que también requieran de un registro por parte del usuario.

Las características básicas de este Messenger son muy similares a las del resto: conversaciones de voz, videoconferencia, utilización de emoticonos (animados o no animados), envío y compartición de fotos y otro tipo de archivos, personalización visual de la aplicación...

Pero hay que tener en cuenta que, a la hora de incorporar nuestros contactos, Yahoo Messenger no es compatible con MSN Messenger, y por tanto nuestros contactos deberán disponer también de una ID Yahoo para poder chatear con ellos a través de esta aplicación. Ambos programas utilizan protocolos de comunicación distintos, de ahí la incompatibilidad. Por tanto, normalmente la elección de uno u otro programa de mensajería sobre todo suele depender de cuál están utilizando actualmente la mayoría de nuestros amigos.

Gaim y otras aplicaciones multiprotocolo

En los últimos años han surgido varios proyectos de desarrollo de aplicaciones para mensajería instantánea que superan las barreras y problemas de compatibilidad

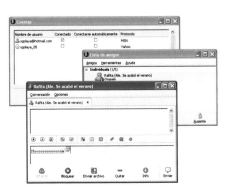

ofreciendo soluciones software compatibles con la mayoría de los protocolos de comunicación instantánea actualmente más utilizados. Uno de los más famosos en la Red es Gaim (http://gaim. sourceforge.net), debido a su amplia compatibilidad: nos permite comunicarnos, entre otros, con los usuarios de ICQ, MSN Messenger, Yahoo Messenger, IRC y Jabber. Existen versiones de Gaim para Windows, Mac OS y Linux.

Otras utilidades multiprotocolo son Instant Messenger 2, myJabber y Lycos Messenger.

SMS

La otra gran forma de comunicación es la de mensajes a móviles, aunque siempre se debe considerar como un complemento a los teléfonos celulares.

SMS (*Short Message Service*, Servicio de Mensajes Cortos) es un servicio de mensajería a móviles GSM, que consisten en texto de una longitud determinada. Aunque la recepción de este tipo de mensajes en nuestro móvil es gratuita,

no siempre es así el envío. Al principio, existían multitud de sitios Web que permitían el envío de mensajes gratuitos a cualquier parte del mundo. Ahora la cosa ha cambiado y muchos de estos servicios son de pago o están muy limitados. Éstas son algunas páginas de ejemplo:

- www.amena.com
- www.gsmbox.es
- www.terra.es
- www.lycos.es

MMS

Los mensajes MMS (*Multimedia Message Service*, Servicio de Mensajes Multimedia) además de texto, permiten enviar imágenes y sonido, cuya calidad dependerá del modelo y la marca del teléfono móvil.

Las posibilidades por tanto se multiplican y se crean nuevas formas de comunicación. Estas nuevas posibilidades también son muy grandes si tenemos en cuenta la posibilidad de mandar mensajes MMS desde Internet. También podemos enviar imágenes digitalizadas y sonido que previamente tengamos en disco, con lo que la interactividad entre el ordenador y nuestro móvil es más fluida.

Videoconferencia: Conceptos básicos

Ya hemos visto varias formas de poder comunicarse en Internet. La base de esta comunicación es nuestra identidad anónima cuando entramos, lo que hace que nos desinhibamos con mayor facilidad que en las comunicaciones cara a cara.

Pero si ya conocemos a nuestro receptor o simplemente queremos una conversación más cercana y natural, el sistema de videoconferencia es lo más idóneo. Cumpliendo unos pocos requisitos podemos ver a nuestro interlocutor, y éste a nosotros, estemos en el lugar que estemos, incluso en lados opuestos del planeta.

La videoconferencia, con cada vez más mejoras, puede suponer la comunicación del futuro. Existen varios tipos de conferencia y no todos deben realizarse por medio de dos ordenadores con Webcam.

La comunicación se está convirtiendo en una mezcla de informática, telefonía e Internet, por lo que cualquier sistema de conferencia podrá ser posible a partir de dos ordenadores, dos teléfonos o TV interactiva y cualquiera de sus posibles combinaciones. Todo se podrá conectar y ya existen pruebas de ello: telefonía por ordenador, navegación Web en el televisor, vídeo en el teléfono móvil... y lo que siempre estará presente en cualquiera de estos aparatos es Internet.

Actualmente, si hablamos de comunicación entre dos ordenadores, la videoconferencia consiste en un tipo de comunicación instantánea mediante imágenes y sonido en tiempo real, lo cual quiere decir que vemos y escuchamos a nuestro interlocutor "en vivo y en directo".

Normalmente, para agilizar la transmisión a través de Internet de las imágenes y que podamos vernos y escucharnos sin cortes ni saltos, es decir, de forma fluida, tanto el software como el hardware para videoconferencia genera vídeo de calidad media-baja.

Evidentemente, existen programas y cámaras capaces de producir vídeo de calidad, pero además de que son mucho más caros que las Webcam domésticas, exigen un ancho de banda muy grande. Normalmente, los usuarios suelen preferir el poder verse y hablar en tiempo real de forma fluida, aunque eso signifique sacrificar calidad de imagen.

Hardware y software necesario

© Copyright Creative Technology Ltd.

Lo primero que es necesario es una buena conexión a Internet, con una velocidad de transferencia de datos que permita transmitir vídeo y sonido a una calidad aceptable, por lo que las conexiones antiguas y lentas no nos servirían.

Lo segundo más importante es una Webcam, que nos permita capturar nuestra imagen. Las Webcam, como ya vimos, son pequeñas videocámaras digitales, de una calidad suficiente para grabar pequeñas imágenes de poco espacio en disco (para poder enviarlas por la Red) y su precio suele ser muy bajo. También podrían servir muchas cámaras digitales configuradas como Webcam. Si también quisiéramos transmitir sonido, nuestra Webcam debería tener micrófono o deberíamos usar uno aparte.

Con respecto al software, existen varios programas que nos servirían para realizar una videoconferencia, entre los que podríamos destacar Im4cam (www.im.co.kr/English) o NetMeeting para los usuarios de Windows (en Comunicaciones del menú Accesorios).

Por otra parte, como antes vimos actualmente casi todos los programas de mensajería instantánea incorporan funciones de videoconferencia. Es muy recomendable utilizarlos pues son muy fáciles de configurar y en unos pocos minutos podemos tener todo listo para empezar a disfrutar de la sensación de ver y escuchar a aquellos a quienes tenemos lejos.

Llamadas PC a PC

Internet, como estamos viendo, ha revolucionado el mundo de la comunicación desde diversos puntos de vista, facilitando las relaciones interpersonales como antes nunca lo había hecho ninguna otra tecnología. Esto también incluye las comunicaciones de voz. Es indudable el enorme ahorro que supone el poder realizar llamadas telefónicas a cualquier lugar del mundo utilizando Internet ahora que la tecnología ha avanzado lo suficien-

te como para alcanzar una muy buena calidad en las conversaciones de voz a través de la red.

Existen programas que nos permiten realizar llamadas de PC a teléfono, la mayoría de los cuales ofrecen tarifas mucho más económicas que una conferencia telefónica, pero cuando se trata de llamadas de PC a PC el servicio es totalmente gratuito siempre que se disponga de conexión a Internet.

VoIP (*Voice Over IP*) es una tecnología que permite la transmisión de la voz a través de redes IP, como Internet. Para ello VoIP transforma las comunicaciones de voz en paquetes de datos que viajan a través de la Red utilizando el protocolo IP. Esto es así porque VoIP convierte la señal de voz analógica a un formato digital susceptible de ser transmitido a través de redes de ordenadores. Cuando los paquetes transmitidos llegan a su destino, son nuevamente descomprimidos y transformados a señal de audio analógica.

VoIP posibilita realizar llamadas de PC a teléfono, de teléfono a teléfono y de PC a PC. Hay páginas Web, como http://www.recursosvoip.com, con un montón de información sobre cómo llevar a cabo estos tres tipos de llamadas, sobre el hardware necesario y sobre los operadores o empresas que proporcionan estos servicios. Nosotros vamos a centrarnos únicamente en las llamadas PC a PC.

Aunque últimamente han mejorado mucho, los programas de mensajería instantánea a veces transmiten la voz en las conversaciones de forma entrecortada, sobre todo cuando la Red está muy saturada. Para solventar esto, podemos utilizar programas de VoIP que se integran con las aplicaciones de mensajería instantánea, como es el caso de Dharma Phone (www.datavoice.es/DharmaPhone), el cual se integra con ICQ para mejorar sus funciones de mensajes de voz instantáneos.

 Otra opción es utilizar servicios VoIP basados en Web, es decir, aquellos que no requieren de la instalación de ningún tipo de software en el ordenador, como es el caso de Fresh Toast (www.fresh-toast.net).

No obstante existen programas de mensajería a través de Internet cuyas capacidades son excelentes en cuanto a conversaciones de voz se refiere, como es el caso de NetMeeting y Skype.

NetMeeting

NetMeeting es a menudo el programa de VoIP más utilizado por los usuarios de Windows, pues viene instalado de forma predeterminada en diversas versiones de este sistema operativo. Además de chatear y hablar, permite compartir muchas aplicaciones de Windows. Una interesante utilidad de esta aplicación es su pizarra electrónica, mediante la cual podemos dibujar gráficos sencillos y que los vea nuestro interlocutor.

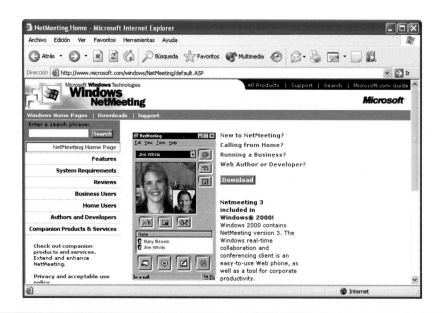

Skype

Esta sencilla pero potente aplicación ha ganado mucha fama debido a la gran calidad con que transmite la voz a través de conexiones de velocidad media (probado con una conexión de cable a 600 Mbps de un lado, y una conexión ADSL del otro ofrece una nitidez similar a la de un teléfono convencional). Se trata además de un programa muy fácil de usar. Podemos marcar un número haciendo clic sobre las teclas de un teclado numérico virtual, o bien podemos añadir contactos de forma similar a como haríamos en una aplicación de chat.

 Programas como Skype se estan poniendo muy de moda últimamente por que hacen que las llamadas de teléfono dejen de ser tan caras sobre todo entre distintos paises separados por largas distancias.

Capítulo 8
Mantenimiento y actualización del PC

Utilidades de análisis y optimización del sistema

Cuando el ordenador no funciona correctamente pero el fallo no es fatal (es decir, el ordenador arranca y el sistema operativo se inicia), aún hay algunas cosas que podemos hacer antes de llevarlo a un establecimiento informático para que lo reparen. Lo primero es, como si de un paciente se tratara, diagnosticar el problema, es decir,

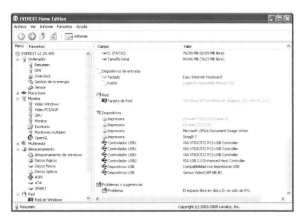

tratar de localizar qué está fallando para ver si podemos solucionarlo nosotros mismos. Pueden ocurrir diversos problemas relacionados con el software y el sistema operativo que se pueden solucionar fácilmente.

Para darnos soporte en esta tarea existen diversas utilidades para analizar y optimizar el sistema bastante sencillo de utilizar y a continuación vamos a ver brevemente algunas de ellas.

Pero, antes de hacer nada, lo primero es asegurarnos que tenemos copias de seguridad de nuestros datos por si algo fuera mal. El sistema operativo y los programas siempre pueden volver a reinstalarse, pero los datos y archivos personales deben salvaguardarse mediante la realización de copias, en CD o DVD, por ejemplo.

Si ya ha grabado copias de sus datos importantes, y está dispuesto a "trastear" un poco con el ordenador porque su sistema parece no funcionar del todo bien (mensajes de error, aplicaciones que no se abren o tardan mucho en hacerlo) o bien funciona pero lo hace lentamente, en primer lugar lo que podemos hacer es instalar una utilidad de análisis para obtener información completa sobre todo el sistema, tanto hardware como software.

Muchas veces un dispositivo de hardware no funciona bien porque no está instalado el *driver* más adecuado. Las utilidades de análisis del sistema nos ayudan a identificar la marca y modelo de todos los componentes de nuestro ordenador y algunas, como puede ser Everest Home Edition (www.lavalys.com) incluso nos proporcionan un hiperenlace a la página de Internet donde podemos

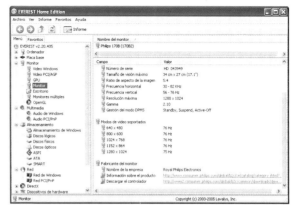

acudir para descargar el controlador más adecuado.

Nota

Un *driver* es un controlador de dispositivo, un pequeño programa cuya utilidad es que el sistema operativo reconozca un periférico y sea capaz de trabajar con él. Son, por lo tanto, utilidades que se integran en el sistema operativo. Normalmente, cuando compramos un nuevo periférico, desde un ratón hasta una grabadora de DVD, suele traer un CD con los *driver* para los sistemas operativos más conocidos.

Las utilidades de análisis además nos ofrecen información sobre la configuración del equipo y de sus programas principales, el funcionamiento de la memoria, dispositivos de red, unidades de almacenamiento, puertos, archivos del sistema...

Por otro lado, las utilidades de optimización nos ayudan a mejorar el funcionamiento del sistema acelerando el arranque y funcionamiento de determinados programas, recursos e incluso el sistema completo. Existen utilidades muy especializadas, como GameGain (www.pgware.com), que optimiza la configuración del ordenador para acelerar el funcionamiento de juegos; y, por otro lado, paquetes completos que agrupan distintas aplicaciones con el objetivo de conseguir mejorar y acelerar el sistema a un nivel más general, como MindSoft Utilities XP (www.mindsoft.es) o Norton Utilities (www.symantec.com)

Desfragmentar el disco duro

Existen multitud de utilidades para gestionar los discos del ordenador, tanto los duros como los flexibles (disquetes). Este tipo de herramientas vienen por defecto en el sistema operativo que tengamos instalado. En Windows, por ejemplo tenemos el Desfragmentador de disco, que redistribuye los datos en el disco duro.

Se abre mediante el menú Inicio>Programas> Accesorios>Herramientas del Sistema> Desfragmentador de disco, y es conveniente ejecutarlo de vez en cuando (sobre todo, después de agregar una gran cantidad de datos o de instalar programas) y para asegurarnos de su necesidad, hacer clic primero en **Analizar** y después en **Presentar informes** antes de presionar **Desfragmentar**.

Esta herramienta reordena los datos de forma que sea más rápido acceder a ellos. Con el uso, los archivos, carpetas y otros datos acaban fragmentados, es decir, físicamente "esparcidos" por todo el disco duro. Con la desfragmentación volvemos a reunir esos fragmentos y esto en ningún caso afectará a la ubicación lógica de los datos en el sistema operativo (su lugar en el árbol de carpetas y subcarpetas).

Copia de seguridad

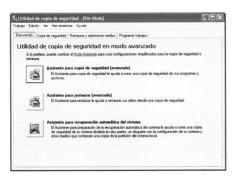

La herramienta de Windows Copia de seguridad (Inicio>Programas>Accesorios> Herramientas del sistema>Copia de seguridad) nos ayuda mediante asistentes a la realización de copias de seguridad del sistema completo, de un disco duro o partición de disco determinada, o de una serie determinada de datos que nosotros podemos seleccionar.

También facilita la restauración del sistema a partir de una copia de seguridad ya realizada con esta aplicación. Estas copias de seguridad pueden resultar de vital importancia en caso de que se produzcan daños en el disco que puedan suponer una pérdida de datos, o también en caso de que el sistema operativo no se inicie y sea necesario volver a instalarlo de nuevo.

Información del sistema

Esta aplicación de Windows, también situada en Inicio>Programas>Accesorios> Herramientas del sistema, es similar a una utilidad de análisis del sistema, pero más básica. Proporciona mucha información pero utiliza términos de carácter técnico que quizás algunos usuarios no sean capaces de comprender. Se trata fundamentalmente de una utilidad enfocada a informáticos y administradores del sistema, más que una utilidad para ayudar al usuario a obtener información sobre su equipo.

Restaurar el sistema

A veces ocurre que, justo después de instalar un programa, un nuevo dispositivo de hardware o un periférico y sus correspondientes controladores, Windows se inicia pero con errores. Puede ser que tarde mucho más que antes en iniciarse, que se quede colgado poco después de hacerlo, o que se inicie en Modo a prueba de errores para alertarnos de que algo ha ido mal y que debemos solucionarlo para que el sistema se inicie correctamente.

 El Modo a prueba de errores de Windows es una modalidad de inicio del sistema en la cual Windows sólo ejecuta servicios y aplicaciones básicas, y utilidades limitadas con el objetivo de ayudarnos a solucionar problemas de inicio del propio sistema operativo.

En estos casos existe una utilidad denominada Restaurar sistema (en el menú Inicio>Programas>Accesorios>Herramientas del sistema), que sirve para que el equipo vuelva a la configuración que tenía la última vez que se inició correctamente. Por tanto, lo que cambia es el sistema operativo, los datos de programas, archivos, etc., no son modificados. Esto quiere decir que tras restaurar el sistema no perderemos los últimos cambios realizados a, por ejemplo, archivos de Word

o PowerPoint, los últimos mensajes de correo electrónico recibidos ni ningún otro tipo de ficheros o documentos del usuario.

La utilidad Restaurar sistema supervisa los cambios realizados en Windows y en sus programas y crea, diariamente, puntos de restauración identificados mediante fechas. Cada punto de restauración es un estado anterior al actual en el cual el sistema funcionaba correctamente.

Además de los puntos de restauración que se generan automáticamente todos los días (y también cuando en el sistema realizamos una acción tal como instalar un programa o un nuevo controlador de dispositivo) nosotros mismos podemos crear puntos de restauración antes de realizar modificaciones importantes en nuestro sistema operativo.

Finalmente, si tras realizar una restauración del sistema no estamos satisfechos con el proceso porque el sistema no termina de funcionar adecuadamente, o lo hace de forma inestable, podemos deshacer la última restauración y elegir otro punto de restauración diferente.

Reinstalar Windows XP desde el CD

En ocasiones puede ser necesario reinstalar Windows cuando no funciona correctamente y el problema no ha podido solucionarse mediante la utilidad Restaurar sistema. También puede ocurrir que un virus haya afectado al sistema operativo de forma tal que se haga imprescindible una reinstalación para poder iniciar el sistema: esto es así si Windows no se inicia, ni siquiera en el Modo a prueba de errores. Hay dos formas distintas de reinstalar Windows. En primer lugar, podemos instalar el sistema operativo de nuevo dejando intacto el resto del ordenador (programas, dispositivos...). Es lo que se suele denominar como "actualización en contexto" de

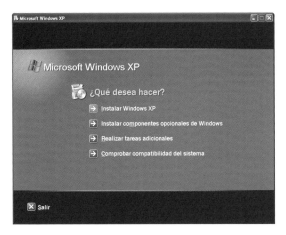

Windows o "instalación de reparación". El sistema operativo vuelve a instalarse en la misma carpeta del disco duro de tal forma que no será necesario volver a instalar nuestros programas ni configurar nuestro hardware.

Microsoft recomienda realizar este tipo de reinstalación cuando el ordenador no se inicia en Modo a prueba de errores, cuando los problemas han surgido tras instalar una actualización de Windows, y no ha podido solucionarse mediante una restauración del sistema.

Esta instalación de reparación se realiza desde el propio Windows, con lo cual sólo podemos hacerlo si éste se inicia, aunque de errores o sea inestable. Para ello, utilizaremos el CD de Windows XP. En la primera pantalla que aparece, haremos clic en **Instalar Windows XP** y en la siguiente pantalla elegiremos la opción **Actualización (recomendada)** en el cuadro Tipo de instalación.

La segunda modalidad que podemos utilizar para reinstalar Windows es muy similar a la que acabamos de describir (hay que elegir las mismas opciones en el programa de instalación), pero la diferencia consiste en que esta segunda modalidad deberemos utilizarla en caso de que Windows no sea capaz de iniciarse, con lo cual deberemos arrancar el ordenador desde el CD de instalación para poder ejecutar el programa de instalación de Windows.

Para que el ordenador se inicie desde el CD ROM deberemos configurarlo así en la BIOS, a la cual normalmente se accede pulsando la tecla **Supr** o **Del** durante los primeros momentos del proceso de arranque del equipo.

En cada ordenador podemos encontrarnos con un programa distinto para configurar la BIOS, pero en todos hay una opción denominada *Boot Sequence* (Secuencia de arranque), mediante la cual podemos elegir que el ordenador se inicie desde un disquete, un disco duro o, como es el caso que nos ocupa, desde el CD ROM.

Formatear e instalar el sistema completo

Puede ocurrir que después de reinstalar Windows continuemos experimentando problemas. Basta conque se vaya la luz de nuestro domicilio durante la reinstalación para que ésta resulte fallida y nos veamos en un pequeño fiasco con nuestro ordenador (Windows es muy sensible a las repentinas subidas y bajadas de tensión, y más aún cuando ocurren mientras tratamos de reinstalarlo).

También puede ser que el usuario desee recuperar el sistema y dejarlo limpio, como "recién estrenado". Sobre todo si últimamente hemos estado instalando y desinstalando diversos programas y probando nuevos dispositivos, puede ocurrir que nuestro sistema operativo esté hecho un auténtico lío.

En ambos casos, normalmente lo más recomendable es formatear el disco duro donde está instalado el sistema operativo y volver a instalarlo de nuevo.

Esto borrará el disco duro, incluyendo los programas instalados y los dispositivos de hardware configurados. Antes deberá realizar dos tareas de extrema importancia:

- **Antes de instalar Windows:** Hacer una copia de seguridad de todos los datos importantes que haya en ese disco duro (archivos, documentos, configuraciones de Internet y correo electrónico, etc.).

- **Después de instalar Windows:** Volver a instalar las aplicaciones de software que vayamos a utilizar; instalar los *driver* de nuestros dispositivos hardware y periféricos; configurar de nuevo los parámetros de algunos programas, tales como los datos de conexión a Internet y al servidor de correo electrónico.

Puede que esta tarea a priori pueda parecernos algo fuera de nuestro alcance, pero no tiene por qué ser así. Windows XP reconoce automáticamente el hardware y dispositivos instalados la primera vez que se inicia después de instalarlo. En algunos casos el propio Windows dispone de controladores adecuados en su CD de instalación, con lo cual no será necesario hacer nada. En caso contrario, Windows nos solicitará en pantalla que introduzcamos el CD en el cual están dichos controladores. Y en el caso de la conexión a Internet, Windows también proporciona ayuda al respecto la primera vez que se inicia tras instalarlo. El mismo Asistente de conexión a Internet también proporciona ayuda para configurar el correo electrónico.

Existen utilidades de software que facilitan el proceso de reinstalación del sistema realizando una "imagen" o copia exacta del disco duro que se puede grabar en un CD. Sin embargo, es recomendable hacer esa imagen de disco nada más instalar el sistema operativo, sus dispositivos y aplicaciones más importantes, para así utilizarla en el futuro. Realizar esto no nos será nada útil si lo hacemos a partir de una imagen de disco que contiene un sistema ya deteriorado.

Detectar necesidades reales de actualización

No cabe duda de que a todos nos gustaría tener el mejor ordenador, con todas las nuevas tecnologías a nuestra disposición y los últimos avances en informática a un clic de distancia. Sin embargo, no siempre es necesario tener el ordenador más potente del mercado, porque el mejor ordenador es aquel que satisface nuestras necesidades.

Si tiene montones de dinero, compre lo mejor que encuentre, pero si tiene que

ajustarse a un determinado presupuesto, tanto para un ordenador nuevo como para mejorar el que ya tiene, piense bien en qué tipo de cosas necesita hacer con su equipo y busque donde conseguir lo que necesita a buen precio (hay mucha oferta de componentes informáticos actualmente y por eso no siempre es mejor lo más caro).

Qué componentes pueden actualizarse o ampliarse

Siempre llega un momento en que nuestro querido ordenador se nos queda "pequeño". Si este momento ha llegado, aquí tiene los pasos para solucionarlo. Los factores que intervienen en el rendimiento de una máquina son: el procesador, la BIOS, la placa base, la memoria, la tarjeta de vídeo, el disco duro y el CD ROM o DVD ROM. Aquí nos vamos a centrar en aquellos elementos más fáciles de reemplazar (si cree que necesita actualizar el procesador, la BIOS o la placa base es mejor que acuda a un servicio técnico profesional).

Ampliar la memoria

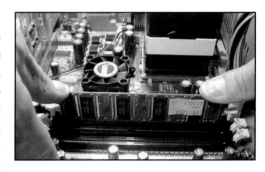

Los programas y los sistemas operativos más modernos necesitan más memoria, sobre todo si trabaja con varios programas a la vez, con archivos de datos muy grandes, o con programas de Diseño gráfico o CAD. Los módulos de memoria se introducen en unas ranuras que se encuentran en la placa base. Si no tenemos ranuras libres, podemos quitar módulos antiguos que sean de menos capacidad de memoria. Las ranuras de la placa tienen unos enganches en los extremos que permiten la inserción de los módulos. No debemos forzarlos demasiado, pero sí lo suficiente como para que los módulos queden bien incrustados (normalmente cuando oímos el sonido de un clic).

Instalar un disco duro

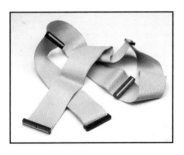

La capacidad del disco duro no influye directamente en el rendimiento siempre y cuando tengamos espacio libre suficiente para la memoria virtual (espacio en disco que se usa como memoria). Sin embargo cada vez almacenamos en el ordenador archivos de mayor tamaño (muchos programas, archivos de audio, vídeo...) lo cual hace que necesitemos discos de mayor capacidad. Lo primero que debemos comprobar es que tengamos espacio físico dentro del ordenador. Este espacio suele estar encima de la disquetera y puede servir, además de para un disco duro, para una unidad CD ROM o DVD ROM o una grabadora.

También debemos comprobar el tipo de conexión del disco duro: IDE o SCSI. Las controladoras IDE son las más habituales.

Si mantenemos dos discos duros, deberemos cambiar los *jumpers* de configuración, para que uno sea *Master* (maestro) y otro *Slave* (esclavo). Normalmente los discos llevan una pegatina en la que indican cómo configurar los *jumpers* (o en el manual de instrucciones). El maestro debe ir instalado al final del cable IDE y el esclavo en el centro; la controladora, bien una tarjeta o la placa base, va en el otro extremo.

Procure no forzarlo al introducirlo; siempre será mejor fijarla con 4 tornillos que con 2 muy apretados. Si puede elegir, intente colocarlo en una bahía con buena ventilación por abajo y por arriba.

Conecte ahora los cables: el de alimentación (uno con 4 cables de colores) tiene un bisel que facilita su correcta orientación, así que el mayor problema es que esté algo duro; el de datos tendrá una línea de color diferente (rojo por lo general) en el borde que corresponde al pin número 1, lo que facilita la conexión con el disco duro, que tendrá otra marca identificando dicho pin (si tiene suerte, será un número 1; si no, busque una flecha, un punto u otra marca).

Cierre la caja y conecte todo. Arranque el ordenador y entre en la BIOS. Vaya a la zona de introducción de datos de los discos duros y coloque los correspondientes a cada disco (maestro o esclavo, capacidad, etc.); si su BIOS lo admite, podrá seleccionar "AUTO" para que cada vez que arranque se coloquen dichos valores automáticamente.

Instalación de tarjetas PCI

El resto de componentes (tarjetas de sonido, de audio u otras) se instala a través de tarjetas PCI. Normalmente, ampliar la tarjeta de sonido sólo nos interesaría si somos profesionales del sonido. Cambiar la tarjeta de vídeo es una opción recomendable si trabajamos con complicados sistemas de diseño, infografía (para 3D) o si somos unos fanáticos de lo último en videojuegos.

Las tarjetas se instalan en la parte posterior del ordenador, al tener conexiones que deben dar hacia fuera.

La parte trasera del ordenador suele tener estas ranuras tapadas con láminas metálicas que debemos quitar cada vez que instalemos una nueva tarjeta (el número de ranuras es también limitado).

Debemos tener cuidado con los conectores de circuitos del lateral y los chips de la tarjeta (los dorados que se conectan en la ranura) ya que nuestros dedos pueden estropearlos o provocar fallos de conectividad.

Capítulo 9
Trucos
imprescindibles

Cortar, Copiar y Pegar

Estas tres acciones son básicas en cualquier aplicación, no sólo Windows XP, y nos permitirán ahorrarnos mucho tiempo y trabajo a la hora de introducir y de manejar datos.

Imaginemos por ejemplo que debemos escribir cien veces "Pepe" en un procesador de textos. El proceso normal sería escribirlo una vez, copiarlo y luego pegarlo 99 veces.

Casi todos los programas tienen las opciones de copiar, cortar y pegar o bien desde un menú Edición o por atajos de teclado, que suelen ser:

Copiar	**Cortar**	**Pegar**
Control-C	Control-X	Control-V

La diferencia entre copiar y cortar es que con esta última opción, lo que en realidad hacemos es mover el elemento, no copiarlo.

Los elementos que podemos manejar son prácticamente todos, desde texto o números hasta archivos o carpetas. En el Explorador de Windows, podemos practicar con el manejo de archivos.

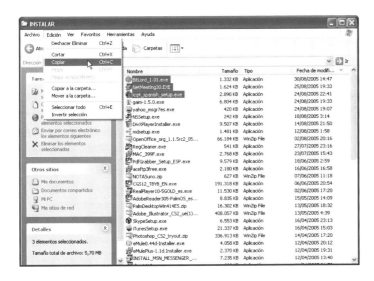

Grabar un CD en Windows XP

El proceso de grabación de CD en Windows XP es bastante sencillo. En primer lugar debemos abrir una carpeta de exploración de archivos para buscar lo que queremos grabar.

Estos archivos pueden estar en cualquiera de nuestras unidades (Mi PC) aunque también podemos navegar desde el Explorador de Windows general (Inicio>Programas>Accesorios>Explorador de Windows).

Además debemos abrir otra ventana con la unidad en la que tengamos nuestra grabadora CD-R que estará identificada con una letra (D, E o cualquier otra, dependiendo del número de unidades que tengamos configuradas e instaladas en nuestro ordenador).

Ahora el proceso es tan sencillo como seleccionar los archivos que queremos grabar desde la unidad de origen (disco duro o CD-ROM) copiarlos (si los cortamos, los perderíamos de la unidad de origen) y pegarlos en la unidad de la grabadora (con Edición>Pegar o bien con **Control-V**).

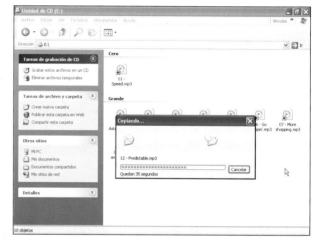

Después elegimos la opción Grabar estos archivos en un CD, y los datos comenzarán a prepararse para la grabación. Daremos un nombre a la etiqueta del CD (que aparecerá luego cuando exploremos en el CD grabado) y continuamos el proceso con el botón **Siguiente**.

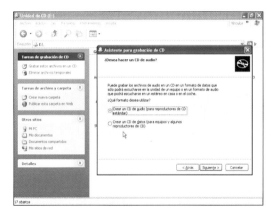

Si lo que copiamos son archivos de música (por ejemplo, mp3) Windows XP nos da la opción de crear un CD de Audio (para equipos musicales).

Para ello, se ejecuta el Reproductor Windows Media, en el que podemos elegir el orden de los temas y añadir o quitar los que no nos interesen. La grabación comenzará al hacer clic en el botón **Copiar música**.

Crear accesos directos

Los accesos directos son iconos que ejecutan un determinado programa y que podemos colocar donde queramos para acceder más fácilmente a ellos. Cuando borramos o movemos un acceso directo, no interferimos en nada en el programa, que permanece siempre en su lugar. Por eso muchas veces podemos creer que hemos borrado un programa cuando en realidad sólo hemos eliminado la forma de acceder a él.

Podemos crear accesos directos de varias maneras. Lo más normal será buscar el

archivo del programa (normalmente un archivo .EXE) que tendrá el logotipo de la aplicación. Si hacemos clic en él con el botón derecho del ratón, podemos elegir una de estas dos opciones: o bien, Crear acceso directo o Enviar a>Escritorio, ya que será aquí donde tendremos más a mano los accesos directos.

Crear un disco de inicio MS-DOS

Aunque MS-DOS se supone que ya es un sistema operativo obsoleto, en algunas ocasiones puede ser bastante práctico iniciar el ordenador bajo DOS, por ejemplo, cuando Windows XP nos da problemas y queremos arreglarlos desde el DOS.

Para crear un disco de inicio lo primero es insertar un disco vacío o con datos inservibles en la unidad de 1,44 MB (disquetera). La forma más rápida de crear el disco es haciendo clic con el botón derecho del ratón en un acceso directo de la disquetera, que en principio estará en Mi PC, después elegimos la opción Formatear ... y accederemos a la ventana Dar formato Disco de 3 y medio.

Marcamos la casilla Crear un disco de inicio de MS-DOS y pulsamos el botón **Iniciar**. El disco perderá sus antiguos datos y se creará un disco de inicio.

Evitar problemas de compatibilidad

Windows XP tiene muchas ventajas, pero uno de sus mayores inconvenientes es que podemos encontrarnos con que muchas aplicaciones que funcionaban perfectamente en versiones anteriores de Windows, no se pueden ejecutar en XP.

Si no disponemos de una nueva versión del programa para XP, podemos intentar forzar la compatibilidad.

En el icono de la aplicación, hacemos clic con el botón derecho del ratón y seleccionamos Propiedades.

A continuación pulsamos sobre la pestaña Compatibilidad. A continuación marcamos la casilla Ejecutar este programa en el modo de compatibilidad para: y elegimos en la lista desplegable la opción que creamos más conveniente (en principio, la versión de Windows en la que sí funcionaba).

Deberemos probar todas las combinaciones posibles, aunque tampoco es seguro que siempre de resultado.

Crear nuestro propio salvapantallas

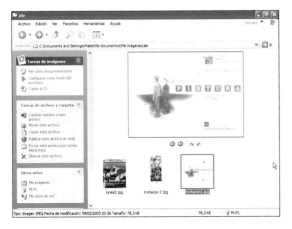

Como ya seguramente sabrá, un salvapantallas es un programa del sistema operativo que se ejecuta cuando llevamos mucho tiempo sin hacer nada en el ordenador y su objetivo es, como su nombre indica, proteger la pantalla con cualquier animación para que no permanezca estática. Los salvapantallas, normalmente gratuitos, los podemos encontrar en miles de sitios de Internet con todos los temas que podamos imaginar. Pero en Windows XP podemos crear uno personalizado de forma muy sencilla.

En primer lugar necesitamos varias imágenes o fotos propias que formarán el salvapantallas y que guardaremos en una carpeta que debemos crear. En segundo lugar, hacemos clic sobre el escritorio con el botón derecho del ratón y seleccionamos Propiedades para que aparezca la ventana Propiedades de Pantalla. Nos vamos a la pestaña Protector de Pantalla y seleccionamos Presentación de mis imágenes.

Después pulsamos el botón **Configuración** y elegimos las opciones para nuestro salvapantallas y, la más importante, las imágenes de nuestra carpeta, a través del botón **Examinar** de la opción Utilizar las imágenes de esta carpeta.

Crear y cambiar de usuario

Cuando un mismo ordenador está siendo utilizado de forma habitual por varias personas, suele ser conveniente que cada una de ellas utilice su propio usuario. Esto quiere decir que para iniciar Windows deberá introducir un nombre de usuario y una contraseña, y que podrá personalizar algunos aspectos del sistema operativo. Cada usuario puede tener instalados programas diferentes, su propio Escritorio. Además, cada usuario puede tener configuraciones personales del equipo y de sus aplicaciones, y mantener su propia lista de Favoritos y de Historial en el navegador. Para proteger su privacidad, también podrá disponer de su propia carpeta Mis documentos y utilizar una contraseña.

Para cambiar la configuración de usuarios del equipo, deberá elegir Inicio> Configuración>Panel de Control y hacer doble clic sobre Cuentas de usuario. Si utiliza la Vista por categorías del Panel de Control, será suficiente con un solo clic.

En la pantalla que aparece a continuación, para crear una cuenta de usuario nueva hacemos clic en Crear una cuenta nueva.

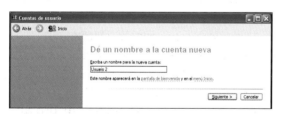

A continuación, escribimos un nombre en el campo de texto Escriba un nombre para la cuenta nueva, y hacemos clic en **Siguiente**>.

En el siguiente paso podemos elegir entre dos tipos de cuenta, Administrador de equipo o Limitada. Hacemos clic en la opción deseada y finalmente, pulsamos en Crear cuenta.

Para cambiar de un usuario a otro hacemos clic en Inicio>Cerrar sesión de XXX... (sustituyendo XXX por el nombre de usuario que actualmente está utilizando el equipo). Después, pulsamos en **Cambiar de usuario**, y en la pantalla siguiente hacemos clic sobre el icono que tiene el nombre del usuario correspondiente.

Limpiar archivos innecesarios del disco duro

Para optimizar el espacio utilizado en nuestro disco duro, además de otras acciones (como tener instalados sólo los programas que más utilizamos) es conveniente limpiar de vez en cuando toda una serie de archivos innecesarios que se van acumulando con el uso de Windows y sus aplicaciones, como es el caso de los archivos temporales que se guardan en la caché del navegador, los archivos temporales del propio Windows y sus archivos de instalación, los archivos de programa que se instalan al visitar algunas páginas Web o instalar *plug-ins*, los archivos que se guardan

cuando elegimos navegar sin conexión por un sitio Web y los archivos situados en la Papelera de Reciclaje.

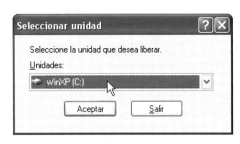

Para limpiar estos archivos elegimos la opción Inicio>Programas>Accesorios>Herramientas del sistema>Liberador de espacio en disco y en el cuadro de diálogo que aparece a continuación, elegimos el nombre de la unidad correspondiente al disco duro que deseamos limpiar y hacemos clic en **Aceptar**.

Tras analizar el disco en busca de aquellos archivos de los cuales puede deshacerse, el sistema nos muestra un cuadro de diálogo en el que podemos elegir qué tipo de

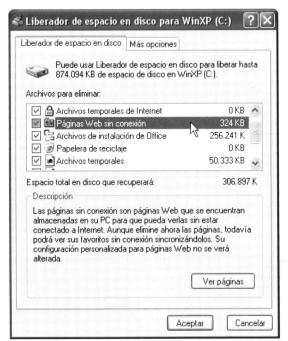

archivos queremos eliminar. Al lado del nombre de cada tipo viene el número de Kilobytes que ocupan y, al hacer clic el nombre de un tipo de archivos determinado, en la sección Descripción del mismo cuadro de diálogo aparece una breve explicación sobre de dónde es el origen de esos archivos y el motivo por el cual pueden eliminarse sin problemas.

Entonces elegimos los archivos que deseamos limpiar haciendo clic sobre el cuadro de verificación situado a la izquierda del icono de cada tipo de archivo, y pulsamos **Aceptar**.

Organizar el menú Inicio

El menú Inicio es una herramienta de trabajo fundamental el Windows, con lo cual es conveniente que esté bien organizado para ayudarnos a encontrar rápidamente las aplicaciones que utilizamos más a menudo. Tanto si deseamos cambiar su aspecto como organizarlo, debemos acceder a sus propiedades haciendo clic con el botón derecho del ratón en la barra de herramientas situada en la zona inferior del Escritorio, y seleccionando Propiedades. A continuación, seleccionamos la ficha Menú Inicio y aparecerá un cuadro de diálogo en el cual podemos elegir el aspecto del menú Inicio.

El menú Inicio estilo Windows XP (opción Menú Inicio) no se puede personalizar para organizarlo, con lo cual deberemos elegir la opción Menú Inicio clásico y a continuación pulsar el botón **Personalizar**.

En el siguiente cuadro de diálogo disponemos de diversas opciones para que algunas carpetas importantes (Mis Documentos, Mis imágenes) muestren su contenido en el menú Inicio. También podemos elegir que se muestren los Favoritos de Internet Explorer, que se muestre el Panel de control expandido, así como el contenido de los elementos de Inicio>Configuración: la carpeta Impresoras y Conexiones de red.

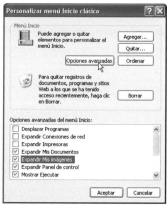

En este cuadro de diálogo también podemos añadir y eliminar elementos de menú Inicio (utilizando los botones **Agregar...** y **Quitar...** pero existe una forma mucho más rápida y cómoda de hacerlo: utilizando el Explorador de archivos.

Para abrir el menú Inicio en el Explorador de archivos de Windows pulsamos el botón **Opciones avanzadas**.

Así, para eliminar elementos podemos seleccionarlos y pulsar la tecla **Supr**, como si se tratara de cualquier otro acceso directo. Para organizar elementos trasladándolos de una carpeta a otra, podemos hacer clic, arrastrar y soltar. Para crear nuevos elementos, es tan fácil como crear un acceso directo dentro de cualquiera de las carpetas situadas por debajo de Menú Inicio en el árbol de carpetas de la izquierda de la ventana. Incluso podemos crear nuevas carpetas utilizando el menú Archivo> Nuevo>Carpeta.

Imprimir fotografías

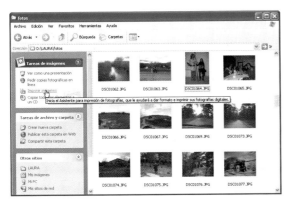

Uno de los aspectos que más diferencia a Windows XP de anteriores versiones del sistemas operativo es su aspecto visual y la orientación hacia el ocio digital (fotografía, vídeo, audio y todo tipo de multimedia). Así, una de las nuevas herramientas de XP es el Asistente para impresión de fotografías.

Para ejecutar este asistente, abrimos en el Explorador de Windows la carpeta que contiene las fotos que queremos imprimir y, en la lista de opciones de la situada en el cuadro Tareas de imágenes, hacemos clic en Imprimir imágenes.
En la pantalla de bienvenida del Asistente, hacemos clic en el botón **Siguiente>**.
En la siguiente pantalla, podemos seleccionar las fotos que queremos incluir y excluir activando o desactivando la casilla de verificación y a continuación hacemos clic en **Siguiente>**.

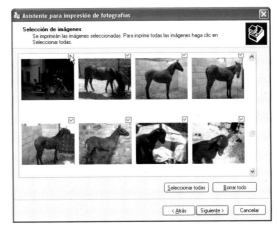

El siguiente paso consiste en seleccionar la impresora que deseamos utilizar, y pulsar **Siguiente>**.
A continuación, el Asistente nos ofrece distintas modalidades de impresión a con distintos tamaños de imagen y distinto número de imágenes por página. En Plantillas disponibles: hacemos clic sobre el modelo deseado y hacemos clic en **Siguiente>**, con lo cual el ordenador empezará a mandar las órdenes necesarias para que la impresora realice el trabajo indicado.

Organizar los Favoritos

Como ya sabemos, podemos añadir nuestras páginas Web favoritas a la carpeta Favoritos, con lo que podremos acceder más fácilmente en el futuro sin necesidad de tener que escribir otra vez la página.

Pero al igual que en el Explorador de Windows, también podemos organizar nuestros sitios Web en apartados o carpetas.

En el menú Favoritos, justo debajo de la opción Agregar a Favoritos, tenemos Organizar Favoritos, donde entramos en una ventana en la que podemos gestionar toda la organización las páginas que visitamos con mayor frecuencia.

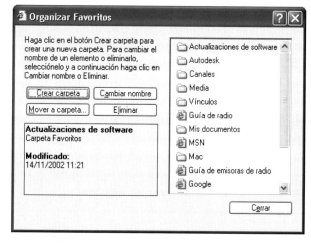

Podemos crear carpetas, moverlas o cambiar su nombre e introducir en esas carpetas las direcciones como si fueran archivos. Esto es muy útil para mantener un orden en los Favoritos, sobre todo si añadimos nuevos elementos a menudo. El criterio para crear y nombrar las carpetas es totalmente personal.

Quitar la música a una página Web

Aunque Internet admite cualquier elemento multimedia y lo que al final se pretende es que no veamos únicamente texto e imágenes, en ocasiones una página Web con música puede ser bastante molesta. Primero porque no nos lo esperamos y segundo porque normalmente la música con la que nos deleitan los creativos sólo coincide con sus propios gustos.

Para configurar nuestro navegador y evitar que reproduzca la música de las páginas, debemos seleccionar Herramientas>Opciones de Internet e ir a la pestaña Opciones avanzadas.

Debemos buscar el grupo Multimedia y desactivar la casilla Reproducir sonidos en páginas Web. Pulsamos **Aceptar** y ya se acabó la música por ahora.

Eliminar sonidos en la navegación

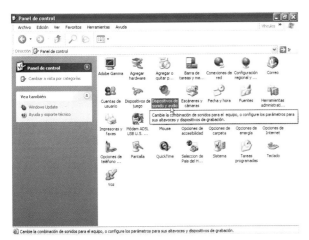

La música no es el único ruido que puede molestarnos mientras navegamos. Si tenemos los altavoces encendidos, continuamente escucharemos unos sonidos al pinchar enlaces y que pueden resultar bastante molestos.

Para desactivarlo debemos ir al Panel de Control (Inicio>Configuración> Panel de Control). Hacemos doble clic en Dispositivos de sonido y audio y en la pestaña Sonidos, tenemos los sonidos de nuestro sistema operativo. Aquí podemos cambiar o quitar los sonidos que queramos e incluso añadir más sonidos a cualquier acción en Windows XP.

Para cambiar los molestos chasquidos de Internet Explorer, buscamos, en Sucesos de programa el grupo correspondiente a Explorador de Windows y seleccionamos Iniciar exploración.

En el cuadro de lista desplegable, seleccionamos (Ninguno) para no escuchar más sonidos, aunque también podemos elegir un sonido que nos guste y aplicarlo. Para guardar los cambios, pulsamos en el botón **Aceptar**.

Incluir texto con formato e imágenes

Si utilizamos Outlook como gestor de correo electrónico, podemos escribir mensajes con texto atractivo y personalizado, pues este programa de gestión de *e-mail* permite utilizar las herramientas de Word para formato de textos. Igualmente, podemos insertar imágenes tanto de fondo de página para nuestros mensajes como para acompañar e ilustrar el texto.

En primer lugar, para poder utilizar desde la ventana del mensaje la barra de formato de textos de Word, en la lista desplegable de la barra de herramientas de Outlook deberemos seleccionar el formato de mensaje Texto enriquecido, o si lo prefiere, el formato HTML.

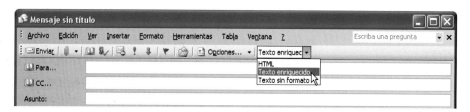

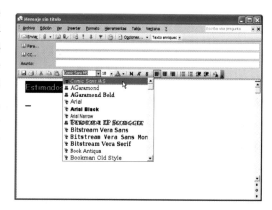

Para cambiar el tipo de letra, el tamaño, color, etc., al igual que lo haríamos en Word, seleccionamos el texto y elegimos las opciones deseadas en la barra de herramientas, utilizando los cuadros de listas desplegables Fuente, Tamaño de fuente, Color de fuente; los botones **Negrita**, **Cursiva**, **Subrayado**; y los botones para alineación de texto, listas y sangrías.

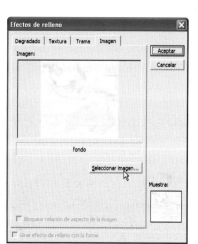

Para insertar una imagen de fondo en el mensaje, seleccionamos el comando de menú Formato> Fondo>Efectos de relleno y en la ficha Imagen hacemos clic en el botón **Seleccionar imagen...** En el cuadro de diálogo elegimos el archivo que corresponda y pulsamos **Insertar**. Después, en el cuadro de diálogo Efectos de relleno pulsamos **Aceptar**.

Finalmente, para insertar una imagen justo al texto, seleccionamos Insertar>Imagen y la opción que corresponda según el origen de la misma (archivo, prediseñadas de la Galería de Office, Gráficos de Excel...).

Anunciar el correo nuevo con sonidos

Outlook nos permite insertar, quitar o cambiar el sonido de alerta que nos avisa de un correo nuevo. Si por defecto tenemos un sonido que no nos gusta, podemos desactivarlo en Herramientas>Opciones de la siguiente manera: en la ficha Preferencias hacemos clic en el botón **Opciones de correo electrónico...** y en el siguiente cuadro de diálogo, en el botón **Opciones de correo avanzadas...**

Finalmente, desmarcamos la casilla Reproducir un sonido cuando lleguen mensajes nuevos y pulsamos **Aceptar**.

Si queremos cambiar el sonido, debemos ir otra vez al Panel de Control de Windows y hacer doble clic en Dispositivos de sonido y audio.
En la ventana Propiedades de Dispositivos de sonido y audio, seleccionamos la pestaña Sonidos. En Sucesos de programa, vamos a Notificación de correo nuevo y pulsamos el botón **Examinar.** En el cuadro de diálogo que aparece buscaremos el sonido que queremos utilizar.

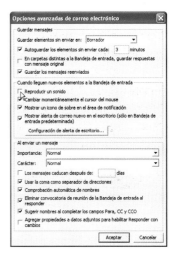

Podemos grabar nuestros propios sonidos con un micrófono y el grabador de sonidos.

Organizar los mensajes mediante carpetas

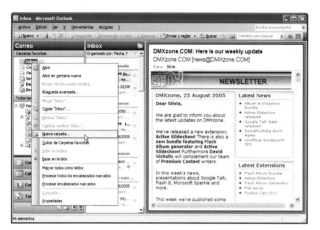

Si recibimos una gran cantidad de correo electrónico todos los días, buscar el mensaje de una determinada persona o sobre un asunto concreto puede llegar a ser difícil y llevar cierto tiempo. Esto podemos evitarlo organizando el correo entrante en carpetas y utilizando las Reglas de Outlook para que los mensajes que cumplan unas condiciones preestablecidas sean automáticamente redirigidos a la carpeta que hayamos indicado.

Para crear carpetas dentro de nuestro buzón, hacemos clic sobre **Inbox** con el botón derecho del ratón y seleccionamos **Nueva carpeta...**

En el cuadro de diálogo que aparece a continuación escribimos un nombre para la carpeta (en el cuadro de texto Nombre:) y hacemos clic en **Aceptar**.

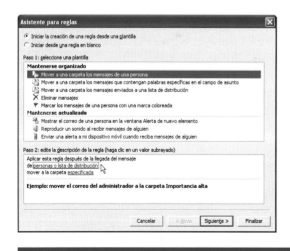

Después, crear una Regla de correo, seleccionamos el comando de menú Herramientas>Reglas y alertas... y en la ficha Reglas de correo electrónico hacemos clic en **Nueva regla...** Después, en el Asistente para reglas seleccionamos, en Paso 1: seleccione una plantilla, una opción del grupo Mantenerse organizado.

Como ejemplo vamos a crear una regla para que los correos de nuestros compañeros de trabajo sean almacenados en una carpeta denominada "De la Oficina de Madrid", por tanto seleccionaremos Mover a una carpeta los mensajes de una persona.

A continuación, en Paso 2: edite la descripción de la regla, hacemos clic sobre personas o lista de distribución y elegimos las direcciones correspondientes de nuestra libreta de contactos.

Después, hacemos clic en especificada, para seleccionar la carpeta en la cual se guardarán los mensajes.

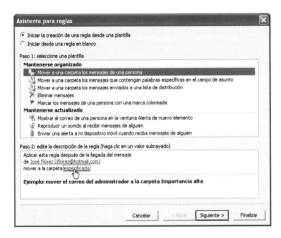

En el cuadro de diálogo que aparece ahora, hacemos clic en la carpeta que corresponda y después en **Aceptar**.

De nuevo en la pantalla del Asistente para reglas, comprobamos que en Paso 2: edite la descripción de la regla pone "Aplicar esta regla después de la llegada del mensaje de José Flórez (jflorez@ hotmail.com) y solo en esta máquina mover a la carpeta de la Oficina de Madrid". En cada caso, los elementos subrayados de esta frase serán los que correspondan al nombre y dirección de sus contactos y al nombre que le haya dado a su propia carpeta. A continuación, hacemos clic en **Siguiente**.

En el siguiente paso podemos seleccionar condiciones adicionales y editar las condiciones ya definidas. Hacemos clic en **Siguiente**. En este paso del Asistente podemos especificar excepciones a la regla definida y luego hacemos clic en **Siguiente**. Finalmente, escribimos un nombre para la regla en Paso 1: especifique en nombre para esta regla, marcamos Activar esta regla, y hacemos clic en **Finalizar**. Volverá a salir el cuadro de diálogo Reglas y alertas, en el cual pulsamos **Aplicar**.

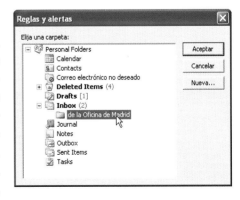

Guardar un documento como página Web

Una de las funciones más interesantes de Word en sus últimas versiones consiste en la posibilidad de poder guardar cualquier documento en formato HTML utilizando la función Guardar como... Y, aunque, como decimos, podemos guardar como página Web cualquier documento creado en Word, es recomendable hacerlo sólo con documentos sencillos, sobre todo si deseamos que la página creada cargue en el navegador rápidamente.

 La ventaja principal de guardar documentos en formato HTML es que puedes crear tus propias páginas Web para colocarlas en Internet. Así puedes prescindir de complicados programas para hacer páginas Web y utilizar Word para hacerlas de la forma más sencilla.

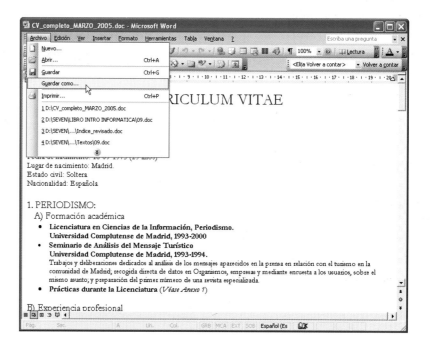

 Para guardar un documento como página Web conservando el aspecto que le haya dado el usuario en Word, este programa utiliza un tipo de código HTML bastante "enrevesado". Es interesante saber que contamos con esta función en Word, pero hay que recordar que no se trata de un programa especializado en crear páginas Web.

Para guardar un documento como página Web primero es recomendable visualizarlo de la forma más parecida a como saldrá posteriormente en el navegador. Para ello Word cuenta con la **Vista Diseño Web**, que muestra la página sin márgenes y ocupando todo el ancho de la ventana. Para activarla hay que elegir la opción de menú Ver>Diseño Web.

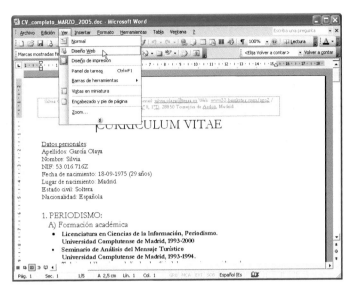

Utilizando esta vista podemos hacernos una idea más precisa de cómo quedará el documento. Cuando ya tenga el aspecto deseado, para guardarlo en formato HTML seleccionaremos Archivo> Guardar como...

En el cuadro de diálogo que aparece, seleccionamos la carpeta donde queremos guardar el archivo y, en el cuadro de lista desplegable Guardar como tipo: deberemos elegir la opción Página Web (*.htm; *.html).

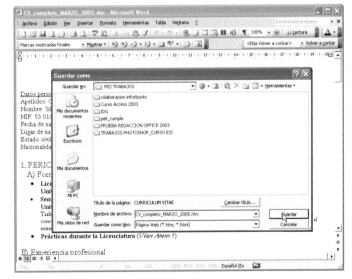

Una vez hayas creado tu propia página Web, podras visualizarla con cualquier navegador. Ademas de conservar el formato que le asignaste en Word, también le podrás añadir hipervínculos, imágenes, y cualquiera de los elementos que tiene Word en sus utilidades y que normalmente pueden formar parte de una página Web.

Grabar distintos archivos en un CD

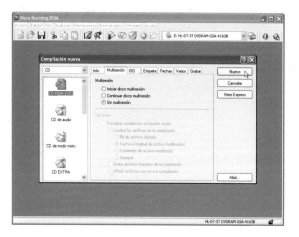

Nero es, como ya vimos, uno de los programas más conocidos en la grabación de CD.

Después de ejecutar Nero Burning Rom, en la ventana Compilación nueva, que siempre aparecerá al principio, elegiremos la opción CD-ROM (ISO) y en la pestaña Multisesión, elegimos la opción Sin multisesión y pulsamos el botón **Nuevo**.

Ahora tenemos dos ventanas. A la izquierda una denominada ISO y a la derecha el Explorador de archivos. El proceso es tan sencillo como ir buscando en el Explorador los archivos los archivos que queremos grabar y arrastrarlos a la ventana de la izquierda.

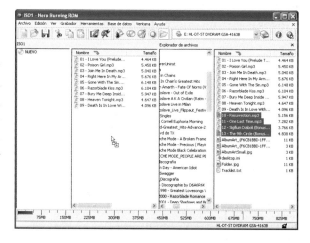

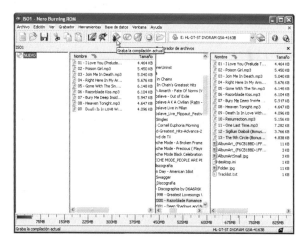

Cuando tengamos los archivos preparados, debemos fijarnos en una barra situada en la parte inferior que nos indica el espacio que ocuparán los datos y que nos avisa si nos pasamos del límite del CD (normalmente 650 o 700 Mb).

A continuación pulsamos en el botón **Grabar**, que se indica en la imagen.

Aparece el cuadro de diálogo Grabar CD. Aquí podemos elegir varias opciones. Las que más nos interesan son las de Etiqueta de volumen, en la pestaña Etiqueta, en la que insertamos un nombre a la grabación y las opciones de la pestaña **Grabar**, en la que podemos elegir la velocidad de grabación, si queremos finalizar el CD (no podremos escribir más datos en él) y si queremos una simulación previa a la grabación, con lo que nos aseguramos no mal-

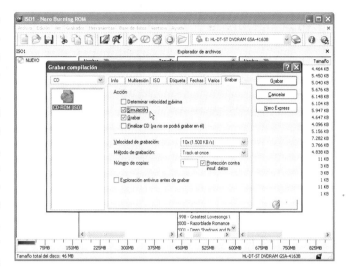

gastar un CD virgen en caso de que existieran problemas (por ejemplo, datos defectuosos). Por último pulsamos en el botón **Grabar** para que comience el proceso.

Pasar pistas de audio a Mp3 con Nero

Nero nos permite la compresión de archivos a Mp3 y otros formatos de forma muy sencilla. Esto es bastante útil tanto para hacer compilaciones musicales, y poder tratarlas en el ordenador, como para preparar archivos para un reproductor portátil de Mp3.

En primer lugar, insertamos en la unidad de CD-ROM un disco de música y ejecutamos Nero Burning ROM.

En la ventana de Compilación nueva, pulsamos en Cancelar porque no vamos a grabar nada.

A continuación, en la pantalla principal de Nero elegimos Herramientas>Guardar pistas...

Aparece una ventana Seleccionar unidad, en la que debemos elegir de todas las unidades ins-

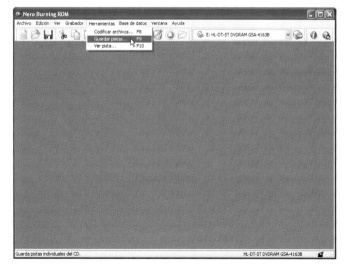

taladas en nuestro ordenador, la que tenga el CD de audio insertado.

Una vez hecho esto, nos aparece otra ventana con todas las pistas del CD y de las que debemos seleccionar las que queramos comprimir (pulsando **Control** y haciendo clic con el botón izquierdo del ratón). También podemos probar escuchando las canciones. En el campo Formato de archivo de salida, elegimos el tipo de compresión (se recomienda Mp3).

También podemos escribir el nombre de los archivos comprimidos. En la opción Método de creación de nombre elegimos la forma de dar nombre a los archivos, que puede ser manual (luego se cambia el nombre de archivo en el Explorador de Windows) o con una plantilla que nosotros definimos.

Una vez que hallamos elegido la ruta donde queremos que se guarden los archivos (botón Examinar) pulsaremos el botón **CONTINUAR** para que comience el proceso de compresión.

Esta función de Nero se realiza mediante un plug-in que se adquiere por separado, pero de todas formas, con cualquier versión de Nero se incluye una versión de evaluación que te permitirá guardar unas cuantas pistas en tu disco duro. Para más información consulta la página Web de Nero en la dirección http://www.nero.com.